# 教科書ガイド　数研出版版
# 高等学校　古典探究【漢文分野】［古探／711］
# 古典探究　漢文編［古探／710］

本書は、数研出版版「高等学校　古典探究」ならびに「古典探究　漢文編」二点の教科書に対応しています。これらに沿った参考書として、教科書の予習・復習を効果的に進められること、教科書の内容をよりよく理解できることをめざして編集されました。

本書に対応する教科書は、高マークで「高等学校　古典探究」を、古マークで「古典探究　漢文編」を表しています。

また、ページ数や問題番号についても、□色は「高等学校　古典探究」に、■色は「古典探究　漢文編」に対応しています。

## 本書の構成

① **作品紹介**
作品や作者について解説しています。

② **書き下し文**
教科書本文を書き下し文で示しています。

③ **現代語訳**
上段の書き下し文に対応するよう、番号をつけ、現代語訳を示しています。

④ **重要語句**
教科書で＊がついている重要語句について、その意味などを説明しています。

⑤ **発問　脚注問題**
教科書下段の発問とそれに対する解答をまとめています。解説や注意点などは〈ポイント〉としてまとめました。

⑥ **教材末の問題**
教科書の各題材末にある「学習」「言語活動」「ことばと表現」について解答をまとめています。解説や注意点などは〈ポイント〉としてまとめました。

＊本書で示しているページ数・行数は、「この教科書ガイドの○頁（ページ）」としている場合を除き、教科書のページ数・行数を表しています。

# 目次

## 第一章

※「探究の扉　未来に備える遺伝子」
「探究の扉　義訓と振り仮名」は収録していません。

# 故事 買履忘度／漱石枕流／華歆・王朗／画竜点睛／江南橘為江北枳

高「高等学校 古典探究」292～301ページ
古「古典探究 漢文編」18～27ページ

## ―買履忘度―

### 作品紹介

**韓非子 かんぴし** 韓非およびその一派の思想をまとめたもの。法家思想の集大成とされ、法律によって厳格な政治を行う信賞必罰の法治主義を主張した。二十巻、五十五篇。

韓非（？～前二三三）は、戦国時代末期の思想家。韓の諸公子で、荀子に学び、法家の思想を大成した。

### 書き下し文・現代語訳

①鄭人に且に履を買はんとする者有り。②先づ自ら其の足を度りて之を其の坐に置く。③市に之くに至りて之を操るを忘る。④已に履を得て乃ち曰はく、「吾度を持つことを忘る。」と。⑤反り帰りて之を取る。⑥反るに及びて市罷む。⑦遂に履を得ず。⑧人曰はく、「何ぞ之を試みるに足を以てせざる。」と。⑨曰はく、「寧ろ度を信ずるも自ら信ずる無きなり。」と。

（『韓非子』）

①鄭の国の人に履き物を買おうとする者がいた。②先に自分で足の寸法を測ってそれ（寸法書き）を座席に置いた。③市場に行くことになってこれ（寸法書き）を（座席から）取るのを忘れた。④（市場で）すでに履き物を手にしてそして言うことには、「私は寸法書きを持ってくるのを忘れた。」と。⑤引き返して（家に）帰ってこれ（寸法書き）を取ってきた。⑥（市場に）引き返したときには市場は終わっていた。⑦結局履き物を得られなかった。⑧（ある）人が言うことには、「どうしてこれ（履き物）を（自分の）足で試してみないのか。」と。⑨（この鄭の国の人が）言

## 重要語句

高 292　古 18

**且**　再読文字で、「まさニ〜す」と読み、「〜しようとする・しそうだ」の意。

**自**　「みづかラ」と読み、「自分・自分で」の意。

**其**　「そノ」「それ」と読み、「その・それ」の意の指示語。

**而**　置き字で、読まない。順接・逆接両方を表すが、ここでは順接の意。

**之**　本文1行目などの「之」は「これ」と読む指示語。ただし、2行目の「之クレ市ニ」の「之」は「ゆク」と読み、「行く」の意。

**已**　「すでニ」と読み、「すでに」の意。

**乃**　「すなはチ」と読み、①「そこで・そして」の意と、②「意外にも」の意とがある。ここでは、①の意。

**遂**　「つひニ」と読み、①「そのまま」の意と、②「結局」の意とがある。ここでは、②の意。

**以**　「もつテ・もつテス」と読み、手段・理由・対象を表す。ここでは、「〜で」の意で、手段を表す。

**寧**　「寧ロA(スル)モ無シB(スル)」で「むしロA(スル)モB(スル)なシ」と読み、「A(する)方がよく、B(する)ことはない」の意

うことには、「寸法書きを信じる方がよく、自分（の足）を信用することはない（からだ）。」と。

292　18

で、選択を表す。

**也**　「なり」と読み、「〜である」の意で、断定を表す。

## 発問　脚注問題

高　古

高 292ページ　古 18ページ

**1　鄭人が履を買えなかったのはなぜか。**

寸法書きを取りに帰っている間に、市場が終わってしまっていたから。

## 教材末の問題

高 292ページ　古 18ページ

学習

**1　この文章で批判されているのは鄭人のどのような態度か。考えてみよう。**

物事を杓子定規に考えてしまい融通が利かず、本末転倒なことをする態度。

〈ポイント〉　寸法書きは足に合った履き物を買うための手段であって、実際に履き物を試せるなら寸法書きはいらないはず。しかし鄭人は寸法書きがなかったために履き物を買えなかった。足に合った履き物を買うという目的をおろそかにして、寸法書きという手段を重視したのだから本末転倒である。

# ――漱石枕流――

## 作品紹介

**世説新語**　せせつしんご　編者は劉義慶。後漢末から東晋にわたる貴族・学者・文人・僧侶などの知識人の逸話を三十六の分野ごとに分け集めた書。

劉義慶（四〇三～四四四）は、南朝宋の文人。宋の王族で劉道憐の第二子。生活ぶりや人柄は簡素寡欲で文学を愛し、好んで優れた文人を招来した。他の著書に『集林』『幽明録』などがある。

## 書き下し文・現代語訳

①孫子荊、年少き時、隠れんと欲し、王武子に語げて当に石に枕し流れに漱がんとすべきに、誤りて曰はく、「石に漱ぎ流れに枕せん。」と。②王曰はく、「流れは枕すべく、石は漱ぐべけんや。」と。③孫曰はく、「流れに枕する所以は、其の耳を洗はんと欲すればなり。④石に漱ぐ所以は、其の歯を礪がんと欲すればなり。」と。

（『世説新語』）

---

①孫子荊が、若かった頃、俗世間を離れたいと思い、（友人の）王武子に（そのことを）語って「（山奥に入って）石を枕にし（川の）流れで口をすすぎたい」と言うべきところを、誤って言うことには、「石で口をすすぎ（川の）流れを枕にしたい。」と。②王武子が言うことには、「（川の）流れを枕にし、石で口をすすぐことができるだろうか（いや、できない）。」と。③孫子荊が言うことには、「（川の）流れを枕にする理由は、（俗世間のつまらぬ話で汚れた）その耳を洗いたいと思うためである。④石で口をすすぐ理由は、（俗世間の汚いものを食べた）その歯を磨きたいと思うためである。」と。

## 重要語句

高 293　古 19

**欲**　「ほつス」と読み、「〜したいと思う」の意で願望を表す。他に「〜しようとする・〜しそうである」の意で、動作の予定や物事がそうなろうとしている状態を表す用法もある。

**当**　「まさニ〜ベシ」と読む再読文字。「当然〜べきだ・はずだ」の意。「ベシ」は、日本語の古典文法の「べし」の接続に従い、直前の活用形は終止形（ラ変型は連体形）となる。「応」も同じ読み・用法の再読文字。

**可**　「ベシ」と読み、可能・許可・当然を表す。ここの「可(ケン)レ〜(ス)乎」は「〜（ス）ベケンや」と読み、「〜（する）ことができるだろうか（いや、できない）」という反語の句法を用いて、不可能を表している。本文の「流可レ枕、石可レ漱乎」は、反語の「乎」が「流可レ枕」「石可レ漱」の二句にかかっている。

**乎**　文末で「や・か・かな」と読み、疑問・反語・詠嘆を表す。ここでは、反語。

**所以**　「ゆゑん」と読み、理由・根拠・手段を表す。

## 教材末の問題

高 293ページ　古 19ページ

学習

**1　孫子荊はどのように「漱石枕流」という言い間違いをとりつくろったのか。説明してみよう。**

石で口をすすぐと言ったのは、俗世間の汚いものを食べた歯を磨きたいと思うためであり、川の流れに枕すると言ったのは、俗世間のつまらない話で汚れた耳を洗いたいと思うためであるととりつくろった。

〈ポイント〉「枕石漱流」を「漱石枕流」と言い間違えたことで意味の通じない文となっていたが、孫子荊の独特の理屈によって、俗世間の汚れをきれいにするという新しい意味づけがなされている。

# ―華歆・王朗―

## 作品紹介

世説新語　せせつしんご　→この教科書ガイドの6頁

## 書き下し文・現代語訳

①華歆・王朗倶に船に乗りて難を避く。②一人依附せんと欲するもの有り。③歆輒ち之を難む。④朗曰はく、「幸ひ尚ほ寛し、何為れぞ可ならざらん。」と。⑤後賊追ひて至るに、王携へし所の人を捨てんと欲す。⑥歆曰はく、「本疑ひし所以は、正に此が為のみ。⑦既已に其の自託を納る。⑧寧くんぞ急を以て相棄つべけんや。」と。⑨遂に携拯すること初めのごとし。⑩世此を以て華王の優劣を定む。

（『世説新語』）

---

①華歆と王朗が一緒に船に乗って災難を避けたことがある。②（そのとき）一人の人が頼って付き従おうと願った。③華歆はすぐにこれを拒んだ。④王朗が言うことには、「幸い（船の広さには）まだ余裕があるから、どうして認めないだろうか（いや、認めよう）。」と（男を乗せてやった）。⑤その後賊が追いつきそうになったとき、王朗はその道連れにした人を見捨てようとした。⑥華歆が言うことには、「もともと（私が）迷った理由は、この（こういう事態になるのではないかという心配の）ために他ならない。⑦（だが）もはやその頼みを受け入れたのだ。⑧どうして危急の事態だからといって相手を見捨てられるだろうか（いや、見捨てられない）。」と。⑨そのまま（その人を）連れて助けたのは初めの通りだった。⑩世間はこのことによって華歆と王朗との優劣を定めた。

## 重要語句

高 294
古 20

**輒**　「すなはチ」と読み、①「そのたびに」②「すぐに」の意。ここでは、②の意。

**所**　「ところ」と読み、行為の対象になる人を表す。また、「る・らル」と読み、受身を表す用法もある。

**為**　本文3行目の「為」は「ため」と読む返読文字で、「～のため」の意。これに対し、2行目の「何為不レ可」は「なんすレゾかナラざラン」と読む反語の用法。

**寧**　「いづクンゾ」と読み、疑問・反語を表す。ここでは「寧～邪」で、「どうして～（する）だろうか（いや、～（し）ない）」の意で、反語を表す。

**相**　「あひ」と読み、「相手を」の意。「相互に」の意味もある。

**邪**　「や」と読み、反語を表す。

**遂**　「つひニ」と読み、「そのまま」の意。「結局」という意味もある。

**如**　「ごとシ」と読み、「～のようだ・～の通りだ」の意。

**之**　本文5行目の「之」は「の」と読み、連体修飾を表す。これに対し、2行目の「之」は「これ」と読み、事物を指し示す。

## 発問　脚注問題

高　古

**1**　高 294ページ　古 20ページ

**華歆が「難」んだのはなぜか。**

危急の事態が起きて、男を見捨てるようなことになりはしないかと心配したから。

## 教材末の問題

高 294ページ　古 20ページ

学習

**1　「世以レ此定二華王之優劣一」（高二九四・4）（古二〇・4）とあるが、どちらが優れているというのか。理由もあわせて考えてみよう。**

華歆の方が優れている。なぜなら、王朗は危急の事態を予測せず、一度引き受けた男を見捨てようとしたが、華歆は危急の事態を予測し、最初は男を連れて行くことを拒んだが、引き受けた以上はそのまま最後まで見捨てなかったからである。

# ――画竜点睛――

**作品紹介**

歴代名画記 れきだいめいがき 著者は唐の張彦遠。歴代の名画の画法や画家の伝記などを記した書物。十巻。

張彦遠（生没年未詳）は、晩唐の画家で、士人にして著述家、絵画史家。画史の祖と称された。また、書論『法書要録』を編纂した。

**書き下し文・現代語訳**

①張僧繇は、呉中の人なり。②武帝仏寺を崇飾するに、多く僧繇に命じて之に画かしむ。③金陵の安楽寺の四白竜は、眼睛を点ぜず。④毎に云ふ、「睛を点ぜば即ち飛び去らん。」と。⑤人以て妄誕と為し、固く請ひて之を点ぜしむ。⑥須臾にして雷電壁を破り、両竜雲に乗り、騰去して天に上る。⑦二竜の未だ眼を点ぜざる者は、見に在り。

（『歴代名画記』）

---

①張僧繇は、呉中出身の人である。②武帝が仏教の寺を立派に飾るときに、多くの場合、僧繇に命令して寺に絵を描かせていた。③（梁の都）金陵の安楽寺の（僧繇が描いた）四頭の白竜には、ひとみを描き入れてなかった。④（僧繇は）いつも言っていた、「ひとみを描き入れたならすぐに飛び去ってしまうだろう。」と。⑤人々はでたらめだと思い、（僧繇に）強く願ってひとみを描き入れさせた。⑥すぐさま雷が（起こって）壁を突き破り、二頭の竜は雲に乗り、勢いよく飛び去って天に昇ってしまった。⑦（残りの）二頭の竜でひとみを描き入れなかったものは、（安楽寺に）現存している。

## 重要語句

高 295　古 21

**毎**　「つねニ」と読み、「いつも・そのたびごとに」の意。

**即**　「すなはチ」と読み、①「すぐに」②「その時には」③「とりもなおさず・つまり」の意。ここでは、①の意味。

**以為**　①「以為（おもへラクト）〜」で「おもへラク〜ト」と読み、「〜だと思う」の意。②「以為（もつテ〜トなス）二〜一」で「もつテ〜トなス」と読み、「〜だと思う・〜にする」の意。ここでは、②の読みと意味。

**未**　「いまダ〜ず」と読む再読文字。「まだ〜ない・〜ない」の意。

---

## 教材末の問題

高 295ページ　古 21ページ

**学習**

**1　張僧繇はどのような画家として描かれているか。本文からわかることをあげてみよう。**

・皇帝の命を受けて寺を装飾する絵を描く画家→当代一の画家である。

・描いた竜が本物となって飛び去るという神秘的な力をもつほどに、画力がすばらしい画家である。

**〈ポイント〉**　自分の描いた竜にひとみを描き入れたら飛び去ることがわかっているぐらい、自分の画力を自覚している画家ともいえる。

# ——江南橘為二江北枳一——

## 作品紹介

**説苑　ぜいえん**　前漢の劉向の著作。儒教的な立場でさまざまな伝説や逸話を記した書。二十巻。
劉向（前七七？～前六？）は、前漢の学者。図書目録学の創始者といわれ、著書に『戦国策』『列女伝』などがある。

## 書き下し文・現代語訳

①晏子将に荊に使ひせんとす。②荊王之を聞きて、左右に謂ひて曰はく、「晏子は賢人なり。③今方に来たらんとす。④之を辱めんと欲す。⑤何を以てせんや。」と。⑥左右対へて曰はく、「為し其れ来たらば、臣請ふ一人を縛し、王を過ぎて行かん。」と。⑦是に於いて荊王晏子と立ちて語る。⑧一人を縛し、王を過ぎて行くもの有り。⑨王曰はく、「何為る者ぞや。」と。⑩対へて曰はく、「斉人なり。」と。⑪王曰はく、「何にか坐せる。」と。⑫曰はく、「盗に坐せり。」と。⑬王曰はく、「斉人固より盗するか。」と。⑭晏子之を反顧して曰はく、「江南に橘有り、斉王人をして之を取らしめて之を江北に樹うるに、生じて橘と為らずして、乃ち枳と為る。⑮然る所以の者は何ぞ。⑯其の土地之をして

①晏子が荊に使者として来ようとしていた。②荊王はこのことを聞いて、側近の者に話しかけて言うことには、「晏子は賢者である。③今ちょうど荊に来ようとしている。④これ（晏子）に恥をかかせてやりたいと思う。⑤どのようにして行おうか。」と。⑥側近の者が答えて言うことには、「もし（晏子が）やって来たならば、どうか私に一人の者を縄で縛り、王の前を通り過ぎさせてください。」と。

⑦そこで荊王は晏子と立ち話をしていた。⑧一人を縄で縛り、（荊）王の前を通り過ぎていく者がいた。⑨（荊）王が尋ねることには、「（その縛られている者は）何者か。」と。⑩（縛られた者を連れていた男が）答えて言うことには、「斉の国の者です。」と。⑪（荊）王が尋ねて言うことには、「何の罪に問われているのか。」と。⑫（縛られた者を連れていた男が）言うことには、「盗みの罪に問われています。」と。⑬（荊）王が尋ねることには、「斉

然らしむるなり。⑰今斉人斉に居りては盗せず之を荊に来たせば盗す。⑱土地の之をして然らしむる無きを得んや。」と。⑲荊王曰はく、「吾子を傷なはんと欲して反つて自ら中つるなり。」と。

（『説苑』）

## 重要語句

高 古　296　22

**将**　「まさニ～す」と読み、「～しようとする・しそうだ」の意。再読文字。

**也**　本文2行目「何以テセン也」、5行目「何為ルゾ者也」の「也」は「や・か」と読み、ここでは疑問を表す。1行目「賢人也」、5行目「斉人也」などの「也」は断定の意。

**其**　「そレ」と読み、仮定・反語・推測などを表す。

**於是**　「ここニおイテ」と読み、「そこで」の意。

の国の者はもともと盗みをするのか。」と。⑭晏子がこれ（荊王）を振り返って言うことには、「江南（の地）に橘があり、斉王が人にこれ（橘）を取らせて、これ（橘）を江北（の地）に植えたところ、生長して橘とはならずに、意外にも枳となりました。⑮そう（橘が枳に）なった理由とは何でしょうか。⑯その土地がこれ（橘）をそう（枳に）させてしまったのです。⑰今、斉の国の者は斉の国にいたときには盗みをせず、この者を荊の国に連れてくると盗みをする。⑱土地がこの者にそのように（盗みを）させるのではないでしょうか。」と。⑲荊王が言うことには、「私はあなたをやりこめようとして反対に自分自身が同じ目にあったのだ。」と。

296　22

**与**　「と」と読み、「～と一緒に」の意。並列・従属を表す。

**使**　「しム」と読み、使役を表す。「A使ムBヲシテC（セ）」は使役の句法の基本の形で、「AはBにCさせる」の意。

**於**　場所を表す置き字。

**乃**　「すなはチ」と読み、「意外にも」の意。

**然**　「しかリ」と読み、「正しい・そのようである」の意。

297　23

**子**　「し」と読み、「あなた」、または尊称の意。本文最終行の「子」は「あなた」の意。冒頭の「晏子」の「子」は尊称。

## 発問 脚注問題 高 古

**1** 高 296ページ 古 22ページ
「然」の示す内容は何か。

江南に生えていた橘を江北に植えかえたら枳になってしまったこと。

## 教材末の問題 高 297ページ 古 23ページ

### 学習

1 「江南」「橘」「江北」「枳」は、それぞれ何をたとえているのか。考えてみよう。

・「江南」…斉の国。
・「橘」…斉の国にいる、盗みをしない斉人。
・「江北」…荊の国。
・「枳」…荊の国で盗みをした斉人。

2 晏子はどのような論理を立てて、荊王たちの計略に対抗したのか。考えてみよう。

江南に生えていた橘を江北に植えかえたら枳になったのは土地のせいであることから、斉人が荊国で盗みをするような人間になってしまったのは土地（荊の国）のせいであるという論理。

### ことばと表現

1 晏子の会話文中の「之」の指示内容を、それぞれ考えてみよう。

・斉王使人取之（高二九六・7）（古二二・7）…橘。
・而樹之於江北（高二九六・7）（古二二・7）…橘。
・其土地使之然也（高二九六・8）（古二二・8）…橘。
・来之荊（高二九七・1）（古二三・1）…斉人。
・得無土地使之然乎（高二九七・1）（古二三・1）…斉人。

## 漢詩　中国の詩／日本の詩

高 「高等学校　古典探究」302〜315ページ
古 「古典探究　漢文編」28〜41ページ

### —中国の詩　絶句—

#### ◆鹿柴◆

**作品紹介**

**唐詩選　とうしせん**　唐代の詩人百二十八（百二十七）人の詩四百六十五首を、五言古詩・七言古詩・五言律詩・五言排律（五言の、十句以上の偶数句から成る近体詩の一種）・七言律詩・五言絶句・七言絶句の詩体別に収録。七巻。初唐・盛唐の詩が多い。明代に編まれた。

この詩の作者である王維（七〇一?〜七六一?）は、字は摩詰、盛唐の詩人。自然をうたった詩に優れ、晩年仏教に親しんだことから「詩仏」と呼ばれた。山水画家としても名をなして「詩中に画有り」「画中に詩有り」と評され、南宗画（文人画）の祖とされる。

**書き下し文・現代語訳**

鹿柴　王維

①空山人を見ず
②但だ人語の響きを聞くのみ
③返景深林に入り
④復た照らす青苔の上

（『唐詩選』）

---

鹿を飼う柵　王維

①ものさびしい山に人影は見えない
②ただ人の話し声が（どこからともなく）聞こえてくるだけだ
③夕方の日差しが奥深い林の中まで差し込み
④そして青い苔の上を照らしている

## 重要語句

高 302 古 28

**復** 「まタ」と読み、普通は「再び・もう一度」の意だが、ここは「～しながら」の意。転句を受けて言っている。「まタ」「また」と読む字には、他に「亦」（これもまた、の意）「又」（その他にまた・さらに、の意）「還」（もう一度、の意）などがある。

## 発問 脚注問題

高 古

高 302ページ 古 28ページ

**1** 「空山」での「人語響」は、どのような効果をあたえるか。

空山の静けさを強調する効果。

**2** 青苔の上を夕日が照らす光景はどのようなものか。

傾いた夕日が斜めから林の奥の方まで差し込み、青い苔を鮮やかに照らしている光景。

## 作品紹介

◆勧レ酒（すすムさけヲ）◆

**唐詩選　とうしせん**　→この教科書ガイドの15頁

この詩の作者である于武陵（八一〇?～?）は、名は鄴、武陵は字。晩唐の詩人。杜曲（陝西省）の人。進士となるが官界になじめず、書物と琴を携えて放浪して隠者や道士、僧侶と交際し、のち嵩山の南に隠棲した。五言律詩に優れ羇旅・送別などの作が多い。

## 書き下し文・現代語訳

酒を勧む　于武陵

①君に勧む金屈巵
②満酌辞するを須ゐず
③花発いて風雨多く
④人生別離足る

（『唐詩選』）

酒を勧める　于武陵

①君に黄金製の大杯を勧める
②杯になみなみとついだ酒を断るに及ばない
③花が開けば風雨が多く（雨に打たれ吹き飛ばされてしまい）
④人生には別ればかりだ

## 重要語句

高 302　古 28

**須**　下から返って動詞として読む場合「もちヰル（もちフ）・もとム・まツ」などの読みがあるが、「不レ須レA」の形のときは、ふつう「A（スル）ヲもちヰず」と読み、「Aするに及ばない・Aする必要はない」の意。「須」は他に「すべかラク～ベシ」と読んで「～する必要がある」の意の再読文字の用法も重要である。

## 発問　脚注問題

高　古

高 302ページ　古 28ページ

**1　第三句と第四句は、どのように関連しているか。**

自然界では花が美しく咲くとすぐに風雨がそれを散らしてしまうのが常であるが、人生においても人との出会いがあればきっと別れがやってくる、という類似性をもっている。

## ◆尋二胡隠君一◆

### 作品紹介

**高太史大全集**　こうたいしだいぜんしゅう　高啓の詩集。十八巻から成る。

高啓（一三三六～一三七四）は、字は季迪。号は青邱。明の詩人。『元史』の編集に携わる。詩中に太祖を諷刺したものがあり、また友人のために書いた文章が太祖の怒りを買い、腰斬の刑に処せられた。夭折したが、明で最も才能にめぐまれた詩人の一人といわれる。

### 書き下し文・現代語訳

胡隠君を尋ぬ　高啓

①水を渡り復た水を渡り
②花を看還た花を看る
③春風江上の路
④覚えず君が家に到る

（『高太史大全集』）

胡隠君を訪ねる　高啓

①川を渡りさらに川を渡り
②花を見てさらに花を見る
③春風に吹かれながら川のほとりの道を歩くうちに
④いつのまにか君の家にたどり着いてしまった

### 重要語句

高 古

303 29 **還**　「まタ」と読み、「さらに・その上」の意。

### 発問　脚注問題

高 303ページ　古 29ページ

**1**　「不レ覚」という言葉によって、どのような気持ちが表現されることになるか。

胡隠君の家を訪ねるという目的をいつしか忘れ、美しい春の風景を楽しむことに夢中になってしまっていた、という気持ち。

## ◆山中対酌◆

### 作品紹介

**古文真宝　こぶんしんぽう**　宋末・元初の黄堅（生没年未詳）の編とされる。前集十巻、後集十巻。戦国時代から宋代までの代表的詩文を集めたもの。前集には詩を詩型で分け、後集には文章を文体で分けて収録。日本では江戸時代、初学者の必読書とされ、広く読まれた。

この詩の作者である李白（七〇一～七六二）は、字は太白。盛唐を代表する詩人。同じ盛唐の杜甫とともに「李杜」と並称される。一時玄宗朝に出仕するが、豪放な性格が宮廷生活にあわず、放浪の一生を送った。その詩風も自由奔放で「詩仙」と称された。

### 書き下し文・現代語訳

山中の対酌　李白

①両人対酌すれば山花開く
②一盃一盃復た一盃
③我酔うて眠らんと欲す君且く去れ
④明朝意有らば琴を抱きて来たれ

（『古文真宝』前集）

---

山中で酒を酌み交わす　李白

①二人で向かい合って酒を酌み交わすと山の花々が（美しく）咲き誇っている
②一杯一杯さらにまた一杯（と杯を重ねる）
③私は酔って眠りたいと思う　君はとりあえず帰ってくれ
④明日の朝気が向けば琴を持って来てくれ

## ◆磧中作◆

### 作品紹介

唐詩選　とうしせん　→この教科書ガイドの15頁

この詩の作者である岑参（七一五～七七〇）は、盛唐の詩人。西域の節度使の幕僚として長く辺境にいた体験から、辺境の風物や従軍生活をうたった秀作が多数あり、辺塞詩人として高適と並び称される。

### 書き下し文・現代語訳

磧中の作　岑参

①馬を走らせて西に来たり天に到らんと欲す
②家を辞して月の両回円かなるを見る
③今夜は知らず何れの処にか宿するを
④平沙万里人煙絶ゆ

（『唐詩選』）

砂漠の中での作　岑参

①馬を走らせて西の方へやって来たが（果ては）天に届きそうである
②家を去ってから月が二度丸くなるのを見た
③今夜はどこに宿をとることになるかわからない
④広くて平らな砂漠は万里にわたって（見渡す限り）人家の煙などまったく見えない

## 重要語句

高 304　古 30

**欲**　下から返って読むときは動詞で、「ほっス」と読む。「～したいと思う」（願望）と「～しようとする・～しそうである」の意味があるが、ここは後者。

## 発問　脚注問題　高　古

**1**　高 304ページ　古 30ページ

**「欲レ到レ天」という表現から、どのような光景が思いうかぶか。**

遠くはるかに天と地が接する地平線が見え、このまま進むと地の果てからそのまま天へ上ることができそうなほど、砂漠が果てしなく続いている光景。

**2**　**「見二月両回円一」とは、どういうことを言っているのか。**

二度満月を見た、つまり、二ヶ月近くたってしまったことを言っている。

**3**　**「人煙」とは、何を表しているか。**

人家にたつ煙。人が煮炊きしたり暖房したりする暮らしがあること、人が住んでいる家があることを表す。

## ◆江南春（かうなんノはる）◆

### 作品紹介

**三体詩　さんたいし**　宋の周弼（しゅうひつ）（生没年未詳）の編。六巻。唐代の詩人百六十七人の作品四百九十四首を収める。七言絶句・七言律詩・五言律詩の三種の詩体に限って収めているのでこの名がある。中唐から晩唐にかけての作品が多い。

この詩の作者である杜牧（とぼく）（八〇三～八五二？）は、字は牧之（ぼくし）。李商隠（りしょういん）と並ぶ晩唐の代表的詩人。剛直な性格で、詩風は豪放・艶麗であった。杜甫を「大杜（老杜）」と呼ぶのに対し「小杜」と呼ばれる。

## 書き下し文・現代語訳

江南の春　杜牧

①千里鶯啼いて緑紅に映ず
②水村山郭酒旗の風
③南朝四百八十寺
④多少の楼台煙雨の中

（『三体詩』）

江南地方の春景色　杜牧

①千里四方にもわたるかと思われるほど広々とした一帯には高麗鶯が鳴き（木々の）緑が（花の）紅に照り映える
②水辺の村や山村には酒屋が目印として立てた旗が風にはためいている
③（かつて江南の建康に都を置いた）南朝時代には四百八十ものたいへん多くの寺（が建てられ）
④（今も残る）多くの寺院の堂塔が春雨の中にけぶっている

## 発問　脚注問題　高 古

高 304ページ　古 30ページ

1「緑映レ紅」とは、どのような光景か。

一面に広がる木々の緑と、その中に咲く花の紅色とが映り合って鮮やかに美しい、田園の光景。

〈ポイント〉江南地方の春の風物として、柳の緑と桃の紅などがイメージされる。のどかでうららかな春景色である。

## ◆澄邁駅通潮閣◆

### 作品紹介

東坡後集　とうばこうしゅう　蘇軾の詩集。二十巻から成る。

蘇軾（一〇三六～一一〇一）は、字は子瞻。号は東坡。北宋の文人で、父の蘇洵、弟の蘇轍とともに「唐宋八大家」に数えられる。書家としても著名で「北宋四大家」の一人。代表作に「赤壁賦」などがある。

## 書き下し文・現代語訳

澄邁駅の通潮閣　蘇軾

①余生老いんと欲す海南の村
②帝は巫陽をして我が魂を招かしむ
③杳杳として天低く鶻の没する処
④青山一髪是れ中原

（『東坡後集』）

澄邁駅の通潮閣　蘇軾

①残された人生を（流刑の地である）海南島の村で老いようとしていた

②（しかし）天帝が巫女の巫陽に（屈原の魂を呼び戻したように）私の魂を呼び寄せさせてくださった（新帝が私を赦免して本土へ呼び戻させてくださった）

③（海南島にある宿駅の澄邁駅の通潮閣から眺めて）はるか遠く天が低く垂れ隼が姿を消すところ

④一筋の髪の毛のように見えるあの青い山なみこそ（私の帰る）本土なのだ

## 重要語句

高 305　古 31

**是**　「これ」と読み、「是～」の形で「～である」という肯定の意を表す。

## 発問　脚注問題　高　古

**1**　高 305ページ　古 31ページ

「青山一髪」とは、どのような光景か。

海南島の澄邁駅の高楼である通潮閣から中国本土を望むとき、はるか遠く水平線に、髪の毛一筋ほど細く青い山なみが見える光景。

## ◆雨中登㆓岳陽楼㆒望㆓君山㆒◆

### 作品紹介

**山谷詩集**　さんこくししゅう　黄庭堅の詩集。二十巻から成る。

黄庭堅（一〇四五～一一〇五）は、字は魯直。号は山谷。北宋の詩人・書家。師の蘇軾と並び「蘇黄」と称される。「詩書画三絶」とたたえられ、書家としては「北宋四大家」の一人。

### 書き下し文・現代語訳

雨中岳陽楼に登り君山を望む　黄庭堅

①荒に投ぜられて万死鬢毛斑たり
②生きて出づ瞿塘灔澦の関
③未だ江南に到らずして先づ一笑す
④岳陽楼上君山に対す

（『山谷詩集』）

---

雨の中岳陽楼に登り君山を眺める　黄庭堅

①都から遠く離れた地に流され何度も死ぬような目にあって鬢毛（耳ぎわの髪の毛）には白髪がまじった
②生きて（航行の難所である）瞿塘峡の灔澦堆の難関を出ることができた
③まだ（故郷の）江南には到着しないが（無事に難所を通り抜けられたことに）まずはちょっと笑った
④（今は）岳陽楼の上から洞庭湖に浮かぶ君山に向かい合っている

### 発問　脚注問題　高　古

高306ページ　古32ページ

**1**　「先一笑」したのはなぜか。

---

赦免されて流刑の地から故郷江南へ帰ることができるうえに、その船旅の最大の難所である瞿塘峡の灔澦堆を無事に通り抜けることができたため。

## 教材末の問題

高 306ページ　古 32ページ

学習

1　それぞれの詩について、一句の字数、一首の句数、押韻がどうなっているか確かめてみよう。また対句表現を抜き出してみよう。

「鹿柴」…五字・四句
　押韻「響・上」
「勧酒」…五字・四句
　押韻「巵・辞・離」
　対句「花発多風雨」と「人生足別離」
「尋胡隠君」…五字・四句
　押韻「花・家」
　対句「渡水復渡水」と「看花還看花」
「山中対酌」…七字・四句
　押韻「開・盃・来」
「磧中作」…七字・四句
　押韻「天・円・煙」
「江南春」…七字・四句
　押韻「紅・風・中」
「澄邁駅通潮閣」…七字・四句
　押韻「村・魂・原」
「雨中登岳陽楼望君山」…七字・四句
　押韻「斑・関・山」

# ――中国の詩　律詩――

## ◆旅夜書レ懐◆

### 作品紹介

**唐詩選　とうしせん**　→この教科書ガイドの15頁

この詩の作者である杜甫（七一二～七七〇）は、字は子美。盛唐の代表的詩人。若い頃から各地を放浪し、ようやく官吏となった四十四歳のとき安禄山の乱にあって軟禁されるなど、波乱の生涯を送った。律詩に優れ、中国最高の詩人として「詩聖」と呼ばれ、李白とともに「李杜」と並び称される。

### 書き下し文・現代語訳

旅夜に懐ひを書す　杜甫

①細草微風の岸
②危檣独夜の舟
③星垂れて平野闊く
④月湧きて大江流る
⑤名は豈に文章もて著れんや
⑥官は応に老病にて休むべし
⑦飄飄何の似る所ぞ

---

旅の夜に思いを書きつける　杜甫

①細かい草がそよ風に吹かれてなびく岸辺
②高く帆柱がそびえ立つ舟の中でひとり眠れずにいる夜である
③満天の星は地に垂れるように一面に輝き平野は広々と続き
④月は水平線から湧き上がってくるように水面に輝き長江は流れゆく
⑤私の名声はどうして詩や文によって世にあらわれるだろうか（いや、あらわれない）
⑥（かといって役人生活を続けようにも）官職は年老いて病気の身では当然辞めるべきであろう

⑧天地の一沙鷗　　（『唐詩選』）

## 重要語句

高 307　古 33

**応**　再読文字。「まさニ～ベシ」と読み、「当然～べきだ・はずだ」の意。「当」も同じ働きをする。

## 発問　脚注問題　高 古

高 307ページ　古 33ページ

**1　第一句と第二句の表現から、作者のどのような気持ちが読み取れるか。**

### ◆黄鶴楼◆

## 作品紹介

**唐詩選**　とうしせん　↓この教科書ガイドの15頁

この詩の作者である崔顥（七〇四?～七五四）は、盛唐の詩人。初期の頃は軽薄な詩風であったが、後、辺境に従軍してから気骨ある詩を作るようになった。「黄鶴楼」の詩を李白が激賞したことで名声を得た。

---

⑦風に吹かれてあてもなくさまよう私の様子はいったい何に似ているだろうか
⑧（それは）天地の間をさまよい飛び続ける一羽の砂浜のカモメ（と似ているの）だ

心細くわびしく孤独だという気持ち。

〈ポイント〉「細」「微」「危」「独」「夜」の字が、作者のわびしい気持ちを映す詩的効果をもっていると考えられる。

**2　「天地一沙鷗」という言葉に込められた作者の気持ちは、どのようなものか。**

不遇のうちに年老いて、なおあてもなくさすらわざるをえないことを、空しくわびしく孤独に思う気持ち。

〈ポイント〉杜甫は文学に対する思いとともに、深い憂国の情をもち、政治に対する関心が強かった。役人として自分の志を世に伝え、社会をよくしたいという思いがかなえられない不遇の一生であった。沈鬱の思いを読み取ろう。

## 書き下し文・現代語訳

黄鶴楼　崔顥

①昔人已に黄鶴に乗りて去り
②此の地空しく余す黄鶴楼
③黄鶴一たび去りて復た返らず
④白雲千載空しく悠悠
⑤晴川歴歴たり漢陽の樹
⑥芳草萋萋たり鸚鵡洲
⑦日暮郷関何れの処か是れなる
⑧煙波江上人をして愁へしむ

（『唐詩選』）

黄鶴楼　崔顥

①昔ここにいたという仙人が黄色い鶴に乗って飛び去ってしまってから
②この地には空しく黄鶴楼だけが残る
③黄色い鶴はひとたび飛び去ってそれきり帰ってこない
④白い雲だけが千年の間空しくはるか遠くにただよい続けている
⑤晴れわたった川（長江）の対岸に漢陽の町の木々がはっきりと見える
⑥かぐわしい草々が中洲の鸚鵡洲に盛んに生い茂っている
⑦日が暮れかかり（私の）故郷はどのあたりがそれであろうか（と見渡した）
⑧もやが立ちこめて水面が波立つ長江のほとりの景色は人に郷愁の念をかきたてさせる

### 発問　脚注問題　高　古

**1** 第七句と第八句に込められた作者の気持ちは、どのようなものか。

高 308ページ　古 34ページ

長江のほとりで、日が暮れかかり、夕もやが立ちこめる中、ひきおこされた深い望郷の気持ち。

## ◆寄㆓李儋・元錫㆒◆

### 作品紹介

**唐詩三百首　とうしさんびゃくしゅ**　編者は清の孫洙（号は蘅塘退士。生没年未詳）。六巻。唐代の詩三百首余りを、特定の時期にかたよることなく選び、詩体別に収録し、初学者用の教科書として用いられてきた。

この詩の作者である韋応物（七三七？～七九一？）は、中唐の詩人。自然をうたい、詩風は高雅であった。陶淵明に傾倒して「陶韋」と並称され、また王維・孟浩然・柳宗元とともに「王孟韋柳」と呼ばれた。

### 書き下し文・現代語訳

李儋・元錫に寄す　　韋応物

①去年花の裏に君に逢ひて別る
②今日花開きて已に一年
③世事茫茫として自ら料るに難く
④春愁黯黯として独り眠りを成す
⑤身に疾病多くして田里を思ひ
⑥邑に流亡有りて俸銭を愧づ
⑦来たり相問訊せんと欲するを聞道きしより
⑧西楼に月を望みて幾回か円かなる

（『唐詩三百首』）

---

李儋・元錫に寄せる　　韋応物

①去年花が咲いている中できみたちに出会い別れた
②今日（再び）花が咲くようになり（あれから）すでに一年（が過ぎた）
③世の中の仕事は果てしなく続いて自分では予測しがたい
④春の愁いで気がめいるうち、ひとり眠ってしまった
⑤私は体に病気が多くて故郷を思い
⑥（この）任地の町では、土地や仕事を失い故郷を離れてさまよう難民がいて（長官である私は）役人として給料をもらっていることを恥ずかしく思う
⑦きみたちがこの地へ来て私を訪ねようとしていると聞いてから
⑧この町の西にある楼からはるかに眺める月が何回丸くなったであろうか

## 重要語句

高 古

309 35 **幾** 「いく」と読み、「どれだけ」の意。

## 発問 脚注問題

高 古

高 309ページ 古 35ページ

**1 「愧二俸銭一」のはなぜか。**

滁州(じょしゅう)の町に、土地や仕事を失い故郷を離れてさまよう難民を出しているのは、刺史(しし)(長官)である自分の責任であると申し訳なく思い、職務を十分果たさず給料だけはもらうことを恥じているから。

**2 第八句に込められた作者の気持ちは、どのようなものか。**

きみたちが訪ねて来てくれるというので、会える日を待ちかねているのに、すでに何ヶ月もたってしまった。いったいいつになったら会いに来てくれるのかと、もどかしく待ち遠しく思う気持ち。

## 教材末の問題

学習

高 309ページ 古 35ページ

**1 それぞれの詩について、一句の字数、一首の句数、押韻がどうなっているか確かめてみよう。また対句表現を抜き出してみよう。**

「旅夜書懐」…五字・八句
　押韻「舟・流・休・鷗」
　対句「細草微風岸」と「危檣独夜舟」
　「星垂平野闊」と「月湧大江流」
　「名豈文章著」と「官応老病休」

「黄鶴楼」…七字・八句
　押韻「楼・悠・洲・愁」
　対句「晴川歴歴漢陽樹」と「芳草萋萋鸚鵡洲」

「寄李儋・元錫」…七字・八句
　押韻「年・眠・銭・円」
　対句「身多疾病思田里」と「邑有流亡愧俸銭」

〈ポイント〉「黄鶴楼」と「寄李儋・元錫」は七言詩だが、第一句末は押韻していない。

## —日本の詩—

### ◆梅花◆

**作品紹介**

**菅家後集　かんけこうしゅう**　菅原道真の漢詩集。一巻。大宰府左遷後の漢詩を収める。道真が死の直前に都の紀長谷雄に贈ったものといわれる。

　菅原道真（八四五〜九〇三）は、平安時代前期の学者・政治家。幼少時から学問をよくした。宇多・醍醐天皇に重用され、五十五歳で右大臣まで昇ったが、九〇一年藤原時平の中傷によって大宰権帥に左遷され、配所で没した。その後、京都北野に天満天神としてまつられ、今では学問の神として信仰されている。

**書き下し文・現代語訳**

梅花　菅原道真

①宣風坊の北新たに栽ゑたる処
②仁寿殿の西内宴の時
③人は是れ同じき人梅は異なる樹
④知んぬ花のみ独り笑みて我は悲しみ多きことを

（『菅家後集』）

---

梅の花　菅原道真

①宣風坊の北（の自宅に）、新たに（梅の木を）植えたところがあった
②仁寿殿の西、内宴の儀式のとき（梅が咲いていた）
③（今、大宰府で梅を見ている）私は（そのときと）同じ人であるのに、見ている梅は（京の梅とは）別の木である
④私は知っている、ただ梅の花だけが独り（変わらずに）咲き、私は（境遇が変わって）悲しみが多いことを

## 発問 脚注問題 高 古

高 310ページ 古 36ページ

**1** 「人是同人梅異樹」とはどういうことか。

今、大宰府で梅の花を見ている自分は、京で梅を見ていた自分と同じ人なのに、梅の木は異なる木である、ということ。京にいたころを思い、左遷された境遇を嘆いている。

## ◆題野古島僧房壁◆

### 作品紹介

**蕉堅藁** しょうけんこう　絶海中津の漢詩文集。二巻。十五世紀の初めに成立。

絶海中津（一三三六〜一四〇五）は、室町時代前期の臨済宗の禅僧。中国に渡航し高僧らに会い教えを受ける。義堂周信と並んで、五山文学を代表する僧。

## 書き下し文・現代語訳

野古島の僧房の壁に題す　　絶海中津

①絶島一螺翠なり
②扁舟数夜維ぐ
③偶来たる幽隠の地
④老僧と期するに似たり
⑤衲を脱ぎて松樹に挂け
⑥茶を煎じて竹枝を焼く
⑦重ねて遊ぶは定めて何れの日ぞ
⑧別れに臨みて悵として詩を題す

（『蕉堅藁』）

### 発問　脚注問題　高　古

**1** 「似下与二老僧一期上」とは、どういうことを言っているのか。

高 311ページ　古 37ページ

　訪れた島の様子がたいそうすばらしかったため、まるで自分が来ることを島と前もって約束しており、島が自分を迎える準備をしているかのように感じられたということ。

〈ポイント〉当時の禅僧は、日中通商に大きな役割を担っており、通商船に乗って中国へ渡ったりしていた。この詩は、絶海中津が中国から帰って九州で静養していたときのものといわれる。

---

野古島の僧房の壁に詩を書きつける　　絶海中津

①孤島は一つの巻き貝のような形で濃い緑である
②小舟を数夜の間つないでいた
③たまたま世間を離れて隠れ住まいをするような地にやって来た
④まるでこの年老いた僧（私）と（島は）約束していたかのようだ
⑤僧侶が着る衣服を脱いで松の枝に掛け
⑥竹枝を焼いて茶を煎じる
⑦また（ここに）遊ぶのはいったいいつの日か
⑧別れに際して悲しみながら詩を書きつける

## ◆題下不識庵撃二機山一図上◆

### 作品紹介

**山陽詩鈔**　さんようししょう　頼山陽の漢詩集。八巻。

頼山陽（一七八〇〜一八三二）は、江戸時代後期の儒学者・漢詩人。大阪で生まれ安芸（今の広島県西部）で青年期を過ごす。のちに京都に出て塾を開いた。山陽は号。陽明学者でもある大塩平八郎に大きな影響を与えた。『日本外史』『日本政記』などを著し、幕末の尊王攘夷運動にも影響を及ぼした。

### 書き下し文・現代語訳

不識庵機山を撃つの図に題す　頼山陽

①鞭声粛粛夜河を過ぎ
②暁に見る千兵大牙を擁するを
③遺恨十年一剣を磨き
④流星光底長蛇を逸す

（『山陽詩鈔』）

---

上杉謙信が武田信玄を討とうとする図に詩を書きつける　頼山陽

①馬にあてる鞭の音も静かでおごそかに（上杉謙信の軍勢は）夜千曲川を渡り（川中島に着いた）
②夜明けに（武田信玄の軍は）見た、（目前に）大軍が大将軍の旗を掲げているのを
③（謙信の）心残りがすることは、十年にわたり武術の鍛錬に励むことになった
④宝剣流星を振りおろすときの、一瞬の剣光の中で、大きな蛇（信玄）を取り逃がしたことだ

## 発問　脚注問題　高　古

**1** 第三句・第四句は誰の視点で描写されているか。　高311ページ　古37ページ

上杉謙信。

〈ポイント〉　川中島の合戦で、宿敵の信玄と謙信が対決する場面である。第三句・第四句は、信玄をまたしても討ち取れなかった謙信の無念さをうたっている。

## ◆題二自画一◆

### 作品紹介

**漱石全集　そうせきぜんしゅう**　夏目漱石の全集。全二十八巻別巻一巻。本文は第十八巻による。

夏目漱石（一八六七〜一九一六）は、小説家・英文学者。森鷗外と並び、明治・大正時代の大文豪である。第一高等中学本科に進学し、正岡子規に出会う。互いに自作の漢詩を批評し合うなどして親交を深めた。漱石という筆名は、故事の「漱石枕流」から取ったものである。

### 書き下し文・現代語訳

自画に題す　夏目漱石

①唐詩読み罷はりて闌干に倚る
②午院沈沈として緑意寒し
③借問す春風何れの処にか有ると
④石前の幽竹石間の蘭

（『漱石全集』）

自分で描いた絵に詩を書きつける　夏目漱石

①唐詩を読み終えててすりにもたれる
②昼下がりの中庭はひっそりと静かで草木の緑が寒々しい
③ちょっと聞いてみる、春風はどこにあるのかと
④石の前の奥深く静かな竹やぶと石の間の蘭（に春風が吹いた）

## 発問　脚注問題　高 古

**1** 高 312ページ 古 38ページ

**「借問春風何処有」とは、何を聞こうとしているのか。**

まだ寒々しい昼下がり、なかなか春の気配が感じられないので、春風はどこにあるのか、つまり春はいつ来るのかということを聞こうとしている。

---

## 教材末の問題　高 312ページ 古 38ページ

学習

1　それぞれの詩について、一句の字数、一首の句数、押韻がどうなっているか確かめてみよう。また、対句表現を抜き出してみよう。

「梅花」…七字・四句
　押韻「時・悲」
　対句┌「宣風坊北新栽処」
　　　└「仁寿殿西内宴時」

「題野古島僧房壁」…五字・八句
　押韻「維・期・枝・詩」
　対句┌「絶島一螺翠」
　　　└「扁舟数夜維」
　　　┌「脱衲挂松樹」
　　　└「煎茶焼竹枝」

「題不識庵撃機山図」…七字・四句
　押韻「河・牙・蛇」

「題自画」…七字・四句
　押韻「干・寒・蘭」

# 史伝　鴻門之会／四面楚歌／項王自刎

高「高等学校　古典探究」316～335ページ
古「古典探究　漢文編」42～61ページ

**作品紹介**

**史記**　しき　前漢の司馬遷によって編纂された歴史書。三皇五帝の太古から前漢の武帝までの歴史が、天子・諸侯・民間人などに分類され、「紀伝体」の形式によって記されている。百三十巻。
司馬遷（前一四五？～前八六）は、前漢の歴史家。太子令を務めた父である司馬談の遺志をつぎ『史記』を完成させた。字は子長。

## ――鴻門之会　剣舞――

**書き下し文・現代語訳**

①沛公旦日百余騎を従へ、来たりて項王に見えんとす。②鴻門に至り、謝して曰はく、「臣将軍と力を勠せて秦を攻む。③将軍は河北に戦ひ、臣は河南に戦ふ。④然れども自ら意はざりき、能く先づ関に入りて秦を破り、復た将軍に此に見ゆることを得んとは。⑤今者小人の言有り、将軍をして臣と郤有らしむ。」と。⑥項王曰はく、「此れ沛公の左司馬曹無傷之を言ふ。⑦然らずんば、籍何を以て此に至らん。」と。⑧項王即日因りて沛公を留めて与に飲む。⑨項王・項伯は東嚮して坐し、亜父は

①沛公（劉邦）は翌朝百騎余りを従え、（項羽の宿営地である鴻門に）来て項王（項羽）にお目にかかろうとした。②鴻門に着いて、わびて言うことには、「私めは将軍（項王）と力を合わせて秦を攻めてきました。③将軍は黄河の北で戦い、私めは黄河の南で戦いました。④しかしながら自分でも思いもよりませんでした、関中に先に入って秦を破ることができ、またここで将軍とお目にかかれようとは。⑤今つまらない者が告げ口をして、将軍に私めと仲たがいさせるのです。」と。⑥項王が言うには、「これは沛公の左司馬である曹無傷がこのことを言ったのだ。⑦そうでなければ、籍（私）はどうしてここ（劉邦の軍を全滅させようとす

南嚮して坐す。⑩亜父とは范増なり。⑪沛公は北嚮して坐し、張良は西嚮して侍す。⑫范増数項王に目し、佩ぶる所の玉玦を挙げて、以て之に示す者三たびす。⑬項王黙然として応ぜず。

⑭范増起ち、出でて項荘を召し、謂ひて曰はく、「君王人と為り忍びず。⑮若入り、前みて寿を為せ。⑯寿畢らば、請ひて剣を以て舞ひ、因りて沛公を坐に撃ちて之を殺せ。⑰不者らずんば、若が属皆且に虜とする所と為らんとす。」と。⑱荘則ち入りて寿を為す。⑲寿畢はりて曰はく、「君王沛公と飲む。⑳軍中以て楽を為す無し。㉑請ふ剣を以て舞はん。」と。㉒項王曰はく、「諾。」と。㉓項荘剣を抜き起ちて舞ふ。㉔項伯も亦剣を抜き起ちて舞ひ、常に身を以て沛公を翼蔽す。㉕荘撃つを得ず。

（『史記』項羽本紀）

---

る状況）に至るだろうか（いや、至らない）。」と。⑧項王はすぐその日にそういうことによって沛公を引き留めて酒を一緒に飲んだ。⑨項王・項伯は東に向いて座り、亜父は南に向いて座った。⑩亜父とは范増である。⑪沛公は北に向いて座り、張良は西に向いて控えていた。⑫范増はしばしば項王に目くばせし、腰にさげるおびだまを持ち上げて、（沛公を討つ決断を促す合図として）項王に示すことを三回繰り返した。⑬項王は黙って応じなかった。

⑭范増は立ち上がり、外に出て項荘を呼んで、言うことには、「君王は人柄として、残忍になりきれない。⑮お前が中に入り、進み出て酒を勧めて長寿の祝いをせよ。⑯長寿の祝いが終わったならば、願い出て剣舞をし、そうして沛公を（その）席で攻撃して殺せ。⑰そうしなければ、お前の一族はみな今にも（沛公に）捕虜とされてしまうだろう。」と。⑱項荘はすぐに入って長寿を祝う言葉を述べた。⑲祝いの言葉を述べ終わって言うには、「君王は沛公と飲み交わしていらっしゃいます。⑳軍の中には（酒席の）楽しみとする手段がありません。㉑どうか剣舞をさせてください。」と。㉒項王が言うには、「許可する。」と。㉓項荘は剣を抜いて立ち上がって舞った。㉔項伯もまた剣を抜き立ち上がって舞い、常にわが身をもって親鳥が雛鳥を翼で保護するように沛公を守った。㉕項荘は（沛公を）攻撃することができなかった。

## 重要語句

高 317 古 43

**然**　「しかレドモ」と読み、「しかしながら」の意。
**能**　「よク」と読み、「〜できる」の意。可能を表す。
**得**　「う」と読み、「〜できる」の意。可能を表す。
**者**　本文2行目の「者」は時間を表す語を作る接尾語。これに対し、5行目の「者」は「は」と読み、主語の提示を表す。
**因**　「よリテ」と読み、「そのために・そこで」の意。
**与**　「ともニ」と読み、「一緒に」の意。
**若**　「なんぢ」と読み、「お前」の意。二人称を表す。
**則**　「すなはチ」と読み、「すぐに」の意。

高 318 古 44

**亦**　「また」と読み、「〜もまた」の意。

## 発問　脚注問題　高　古

**1**　高 316ページ　古 42ページ

**「臣」「将軍」とは、それぞれ誰のことか。**

「臣」＝沛公（劉邦）。
「将軍」＝項王（項羽）。
〈ポイント〉「鴻門之会」の時点では、項羽の軍が劉邦の軍よりも圧倒的に優勢であった。劉邦は項羽の進攻を恐れ、自分が項羽の臣下であると示し、項羽の機嫌をとろうとしたためこのような呼称を用いた。

**2**　高 317ページ　古 43ページ

**范増は「玉玦」によって、項羽にどのような決断を求めたのか。**

劉邦を討つ決断。

## 教材末の問題　高 318ページ　古 44ページ

学習

1　本文を読んで、会見場での座席表を作ってみよう。

（北）范増
（東）張良
（西）項伯　項王
（南）沛公

2　項羽が范増の指示に応じなかった理由を考えてみよう。

項羽を立てながら毅然（きぜん）とした態度で弁解する劉邦を見て、劉邦を討つ気持ちになれなくなったから。

# ――鴻門之会　頭髪上指す――

## 書き下し文・現代語訳

①是に於いて張良軍門に至り、樊噲を見る。②樊噲曰はく、「今日の事何如。」と。③良曰はく、「甚だ急なり。④今者項荘剣を抜きて舞ふ。⑤其の意常に沛公に在るなり。」と。⑥噲曰はく、「此れ迫れり。⑦臣請ふ、入りて之と命を同じくせん。」と。⑧噲即ち剣を帯び盾を擁して軍門に入る。⑨交戟の衛士、止めて内れざらんと欲す。⑩樊噲其の盾を側てて、以て衛士を撞きて地に仆す。

⑪噲遂に入り、帷を披きて西嚮して立ち、目を瞋らして項王を視る。⑫頭髪上指し、目眦尽く裂く。⑬項王剣を按じて跽きて曰はく、「客何為る者ぞ。」と。⑭張良曰はく、「沛公の参乗、樊噲といふ者なり。」と。⑮項王曰はく、「壮士なり。⑯之に卮酒を賜へ。」と。⑰則ち斗卮酒を与ふ。⑱噲拝謝して起ち、立ちながらにして之を飲む。⑲項王曰はく、「之に彘肩を賜へ。」と。⑳則ち一生彘肩を与ふ。㉑樊噲其の盾を地に覆せ、彘肩を上に加へ、剣を抜き、切りて之を啗ふ。

㉒項王曰はく、「壮士なり。㉓能く復た飲むか。」と。㉔樊噲

---

①そこで張良は（項羽の）陣営の門に行き、（外で待つ）樊噲と会った。②樊噲が言うには、「今日の事の様子はどのようであるでしょうか。」と。③張良が言うには、「たいへん緊迫している。④今項荘が剣を抜いて舞っている。⑤そのねらいはいつも沛公（劉邦）にあるのだ。」と。⑥樊噲が言うには、「これは（危険が）差し迫っている。⑦どうか私めに、中に入って沛公と運命を同じくさせてください。」と。⑧樊噲はすぐに剣を身につけ盾を抱え持って陣営の門に入ろうとした。⑨戟を十文字に交えて門を守る護衛兵は、（樊噲を）止めて中に入れないようにした。⑩樊噲はその盾を傾けて、護衛兵を突いて地面に倒した。

⑪樊噲はこうして中に入り、垂れ幕を開いて西に向かって立ち、目をいからせて項王（項羽）を見た。⑫頭髪は逆立ち、まなじりはすべて裂けるばかり（の激しさ）である。⑬項王は剣の柄に手をかけて片膝を立てて言うには、「お前は何者だ。」と。⑭張良が言うには、「沛公の参乗、樊噲という者です。」と。⑮項王が言うには、「勇士である。⑯この男に大きな杯に注いだ酒を与えよ。」と。⑰すぐに大きな杯に注いだ一斗の酒を与えた。⑱樊噲は拝礼して立ち、立ったままでこの酒を飲んだ。⑲項王が言うには、「この男に豚の肩肉を与えよ。」と。⑳すぐにひとかたまりの、火を通していない生

曰はく、「臣死すら且つ避けず。㉕卮酒安くんぞ辞するに足らんや。㉖夫れ秦王虎狼の心有り。㉗人を殺すこと挙ぐる能はざるがごとく、人を刑すること勝へざるを恐るるがごとし。㉘天下皆之に叛く。㉙懐王諸将と約して曰はく、『先に秦を破りて咸陽に入る者、之に王とせん。』と。㉚今、沛公先に秦を破りて咸陽に入る。㉛毫毛も敢へて近づくる所有らず。㉜宮室を封閉し、還りて覇上に軍し、以て大王の来たるを待てり。㉝故に将を遣はし関を守らしめしは、他盗の出入と非常とに備へしなり。㉞労苦して功高きこと此くのごときに、未だ封侯の賞有らず。㉟而も細説を聴きて、有功の人を誅せんと欲す。㊱此れ亡秦の続きなるのみ。㊲窃かに大王の為に取らざるなり。」と。㊳項王未だ以て応ふる有らず。㊴曰はく、「坐せよ。」と。㊵樊噲良に従ひて坐す。㊶坐すること須臾にして、沛公起ちて厠に如き、因りて樊噲を招きて出でしむ。

（『史記』項羽本紀）

の豚の肩肉を与えた。㉑樊噲は自分の盾を地に伏せて、その上に豚の肩肉を置き、剣を抜いて、切ってこれ（肉）を食べた。

㉒項王が言うには、「勇士である。㉓もう一杯飲めるか。」と。㉔樊噲が言うことには、「私は死ぬことでさえ避けるつもりはありません。㉕まして大きな杯に注いだ酒はどうして辞退するでしょうか（いや、辞退しません）。㉖そもそも秦王は虎や狼のような（残酷な）心がありました。㉗人を殺すことは多すぎていちいち取りあげることができないほどであり、人を刑に処することは多すぎて数えきれないと心配するほどでした。㉘天下の人々はみなこれに叛いたのです。㉙懐王が諸将と約束しておっしゃったことには、『最初に秦を打ち破って咸陽に入った者を、その地の王としよう。』と。㉚今、沛公が先に秦を打ち破って咸陽に入りました。㉛ほんの少しも（咸陽の財宝を）自分のものにしようとしませんでした。㉜（咸陽の）宮殿を閉鎖し、引き返して覇上に陣を張り、大王が来るのを待っていたのです。㉝わざと兵士を派遣して関を守らせたのは、他（国）からの盗賊の出入りと非常事態に備えたのです。㉞これほど苦労して高い功績を上げたのに、いまだに領地を与えて諸侯に取り立てる褒美はありません。㉟それなのに（大王は）つまらない人の言葉を聞いて、功ある人を誅殺しようとしています。㊱これは亡びた秦の（やってきたことの）二の舞であるだけです。㊲愚考しますに大王のために(こうした考えは)お取りになるべきではないのです。」と。㊳項王は（その言葉に）まだ答えなかった。㊴（ただ）言うことには、「座れ。」と。㊵樊噲は張良に従って座った。㊶座ってから少しして、沛公は立ち上がって便所に行き、そして樊噲を招いて外に出させた。

## 重要語句

高 318〜320　古 44〜46

**矣**　置き字。文末に置いて、強意・断定を表す。

**安**　「いづクンゾ」と読み、「どうして」の意で、疑問や反語を表す。ここは「A且(スラ)B(ス)ッ。C安(クンゾ)D(セ)ンヤ」という抑揚の句法で、「AでさえB（する）。ましてCはどうしてD（する）だろうか（いや、D（し）ない）」の意。

**夫**　「そレ」と読み、「そもそも」の意。

**能**　「あたフ」と読み、「〜できる」の意。可能を表す。「不」などの否定語を伴って「あたハず」の形で用いられる。

**敢**　「あへテ」と読み、「しいて〜する・無理に〜する」の意を表す。ここでは「不二敢(ヘテ)〜(セ)一」で「〜（し）ようとしない」という否定の意。

**故**　「ことさらニ」と読み、「故意に」の意。

**而**　ここでは「しかモ」と読み、「それなのに」の意。逆接を表す。

## 発問　脚注問題

高　古

**1**　高 318ページ　古 44ページ
**「之」は誰を指すか。**

沛公（劉邦）。

**2**　高 320ページ　古 46ページ
**「細説」とは、具体的に何を指すか。**

劉邦の臣下で軍事をつかさどる曹無傷が、項羽に告げ口した内容。

## 教材末の問題

高 321ページ　古 47ページ

学習

**1　樊噲の演説を聞いてそれに答えなかった項羽の心情を考えてみよう。**

樊噲の理屈の通った真摯(しんし)な弁舌によって、劉邦を討とうとした当初の意志がゆらぎ、悩む心情。

# ――鴻門之会　豎子、与に謀るに足らず――

## 書き下し文・現代語訳

①沛公已に出づ。②項王都尉陳平をして沛公を召さしむ。③沛公曰はく、「今者、出づるに未だ辞せざるなり。④之を為すこと奈何せん。」と。⑤樊噲曰はく、「大行は細謹を顧みず、大礼は小譲を辞せず。⑥如今、人は方に刀俎たり、我は魚肉たり。⑦何ぞ辞せんや。」と。⑧是に於いて遂に去る。

⑨乃ち張良をして留まり謝せしむ。⑩良問ひて曰はく、「大王来たるとき、何をか操れる。」と。⑪曰はく、「我白璧一双を持し、項王に献ぜんと欲し、玉斗一双をば、亜父に与へんと欲せしも、其の怒りに会ひて、敢へて献ぜず。⑫公我が為に之を献ぜよ。」と。⑬張良曰はく、「謹みて諾す。」と。

⑭是の時に当たり、項王の軍は鴻門の下に在り、沛公の軍は覇上に在り、相去ること四十里なり。⑮沛公則ち車騎を置き、身を脱して独り騎し、樊噲・夏侯嬰・靳彊・紀信等四人の剣盾を持して歩走するものと、酈山の下より、芷陽に道して間行す。⑯沛公張良に謂ひて曰はく、「此の道より吾が軍に至るは、二十里に過ぎざるのみ。⑰我の軍中に至るを度り、公乃ち入れ。」

---

①沛公（劉邦）はすでに外に出ていた。②項王（項羽）は都尉陳平に沛公を呼びに行かせた。③沛公が言うには、「今、出てくるのに、まだ（項王に）別れの言葉を告げていないのだ。④これをどうしたらよいか。」と。⑤樊噲が言うには、「大きな行いをするには細かい気遣いをなさらぬものですし、重大な礼節のためには小さな慎みを問題にしてはなりません。⑥今、項王はまさしく包丁とまな板のようであり、我らは魚や肉のようなものです。⑦どうして別れの言葉を告げるでしょうか（いや、告げることはありません）。」と。⑧そこでそのまま（沛公はその場を）去った。

⑨そして張良を留まらせ（項王に）謝罪させることにした。⑩張良が（沛公に）尋ねて言うことには、「大王は（ここに）いらした時、（献上品として）何をお持ちになったのですか。」と。⑪（沛公が）言うには、「私は一対の白璧を、項王に献じようと思い、玉斗一対を、亜父（范増）に与えようとしたが、その怒りにあったために、すすんでは献じなかった。⑫あなたが私のためにこれを献じよ。」と。⑬張良が言うには、「謹んで承知しました。」と。

⑭この時に、項王の軍は鴻門付近にあり、沛公の軍は覇上にあって、相互に四十里離れていた。⑮沛公はすぐに馬車を置いたままにし、脱出して一人馬に乗り、樊噲・夏侯嬰・靳彊・紀信たち

と。
⑱沛公已に去り、間くして軍中に至る。⑲張良入りて謝して曰はく、「沛公桮杓に勝へず、辞する能はず。⑳謹みて臣良をして白璧一双を奉じ、再拝して大王の足下に献じ、玉斗一双をば、再拝して大将軍の足下に奉ぜしむ。」と。㉑項王曰はく、「沛公安くにか在る。」と。㉒良曰はく、「大王之を督過するに意有りと聞き、身を脱して独り去れり。㉓已に軍に至らん。」と。㉔項王則ち璧を受け、之を坐上に置く。㉕亜父玉斗を受け、之を地に置き、剣を抜き撞きて之を破りて曰はく、「唉、豎子、与に謀るに足らず。㉖項王の天下を奪ふ者は、必ず沛公ならん。㉗吾が属今に之が虜と為らん。」と。㉘沛公軍に至り、立ちどころに曹無傷を誅殺す。

（『史記』項羽本紀）

---

四人の剣と盾を持って徒歩でつき従う者と、驪山の麓から、芷陽を通ってこっそりと抜け道を行った。⑯沛公が（別れる前に）張良に向かって言うことには、「この道からわが軍に至るには、たった二十里に過ぎない。⑰私が（自分の）軍中に至るのを見計らい、あなた（張良）は（酒席）に戻れ。」と。

⑱沛公はもはや去り、しばらくして（自分の）軍中に至った。⑲張良は（見計らって、酒席に）入って（項王に）謝罪して言うことには、「沛公は酒を飲むことに耐えられずに、別れの言葉を申し上げることができません。⑳謹んで私め張良に一対の白璧を奉り、拝礼して大王（項王）の御もとに献じさせ、玉斗一対を、拝礼して大将軍（范増）の御もとに献じさせました。」と。㉑項王が言うには、「沛公はどこにいるのか。」と。㉒張良が言うには、「大王がこれ（沛公）の過ちをとがめるご意向があると聞き、脱出して一人去りました。㉓すでに（自分の）軍に至ったでしょう。」と。㉔項王はそこで白璧を受け、これを座席の上に置いた。㉕亜父（范増）は玉斗を受け、これを地面に置いて、剣を抜いて（玉斗を）突いてこれを壊して言うことには、「ああ、小僧（項王）め、一緒に事を謀るには十分でない。㉖項王の天下を奪う者は、必ず沛公であろうよ。㉗わが一族は今にこれ（沛公）の捕虜となってしまうであろう。」と。㉘沛公は（自分の）軍に着いて、たちまちのうちに曹無傷を誅殺した。

## 重要語句 高 古

321 47

**為**　「たり」と読み、「〜である」の意で断定を表す。

**当**　「〜ニあタリ」と読み、「〜の時に」の意。

**是**　「こノ」と読み、「この」の意。指示語としての他の読み方として、「これ・こレ・ここ」がある。

322 48

**相**　「あひ」と読み、「相互に」の意。

**従**　「より」と読み、「〜から」の意。

**安**　「いづクニカ」と読み、「どこに」という疑問の意。

## 発問 脚注問題 高 古

高 321ページ 古 47ページ

**1** 「刀俎」「魚肉」は、何をたとえているか。

・「刀俎」…項王（項羽）側の、相手（沛公側）をどのようにでもできる立場。

・「魚肉」…沛公（劉邦）側の、相手（項王側）の意のままになるしかない立場。

## 教材末の問題

高 323ページ 古 49ページ

**学習**

1 劉邦が脱出した後の項羽と范増の心情を、劉邦からの献上品に対するそれぞれの態度を踏まえてまとめてみよう。

・項羽…白璧を受け取り、それを自分の座席の上に置いている。献上品を受け取る優位な自分の立場に満足し、余裕を感じている。

・范増…玉斗を地面に置いて剣で突き壊している。劉邦が本心から項羽に服従しているわけではないことを見抜き、やがては劉邦が覇権を握り、項羽が破滅していくだろうと予感している。そして、自分の忠告を聞き入れない項羽に対する激しい不満を感じている。

**言語活動**

1 劉邦が鴻門から脱出することができたのはなぜか。話し合ってみよう。

劉邦のために命を捧げることを厭（いと）わない忠臣がいるから。また、その臣下を信じ、大事を託す度量の大きさが劉邦にあったから。

# 四面楚歌

## 書き下し文・現代語訳

①項王の軍垓下に壁す。②兵少なく食尽く。③漢軍及び諸侯の兵、之を囲むこと数重なり。④夜漢軍の四面皆楚歌するを聞き、項王乃ち大いに驚きて曰はく、「漢皆已に楚を得たるか。⑤是れ何ぞ楚人の多きや。」と。

⑥項王則ち夜起きて帳中に飲む。⑦美人有り、名は虞。⑧常に幸せられて従ふ。⑨駿馬あり、名は騅。⑩常に之に騎す。⑪是に於いて項王乃ち悲歌忼慨し、自ら詩を為りて曰はく、

⑫力は山を抜き気は世を蓋ふ
⑬時利あらず騅逝かず
⑭騅の逝かざる奈何すべき
⑮虞や虞や若を奈何せんと

⑯歌ふこと数闋、美人之に和す。⑰項王泣数行下る。⑱左右皆泣き、能く仰ぎ視るもの莫し。

（『史記』項羽本紀）

---

①項王（項羽）の軍は垓下で城壁の内に立てこもった。②兵士は少なく食料も尽き果てた。③（劉邦の率いる）漢の軍と諸侯の兵士が、これを何重にも包囲した。④夜に（項王の軍を包囲する）漢軍が四方でみな（項王の故郷である）楚の地の歌を歌うのを聞き、項王はそこでたいそう驚いて言うことには、「漢軍は全部もう楚の地を得たのか。⑤これはなんと楚の人がこのように多いことよ。」と。

⑥項王はそこで夜起きて陣営の張り幕の中で酒を飲んだ。⑦（そこに）美人がいて、名は虞という。⑧いつも（項王に）寵愛されて付き従っていた。⑨駿馬がいて、名は騅という。⑩（項王は）いつもこの馬に乗っていた。⑪そこで項王は悲しみの歌を歌い気持ちが高ぶり、自分で詩を作って歌うことには、

⑫（私の）力は山を抜くほどに満ち気力はこの世を覆い尽くす（ほど充実している）
⑬（だが）時運は（私に）味方せず、騅は前進しない
⑭騅が前進しないのをどうしようか
⑮虞や虞や、あなたをどうしたらよいかと。

⑯歌うこと数回、虞美人はこれにこたえて詩を歌った。⑰項王は涙を幾筋も流した。⑱周りに控えている者も皆泣き、顔を上げて

## 重要語句

高　古

325 51 兮　置き字で、語調を整えるのに用いられる。

## 発問　脚注問題

高　古

**1** 高 324ページ 古 50ページ

**なぜ漢の軍が「楚歌」を歌うことができるのか。**

「楚歌」は項羽の故郷の歌であるが、項羽を見限り劉邦についた多くの楚の兵士が漢軍の中にいるから。

---

正視できる者はいなかった。

## 教材末の問題

高 326ページ 古 52ページ

### 学習

1 **「四面楚歌」という成語は、現在どのような意味で使われているか。調べてみよう。**

四方八方、敵対関係にある人に囲まれていること。また、自分と反対の意見を持つ人に囲まれて孤立すること。

2 **項羽は敗戦の原因をどのように考えているか。詩の一句目と二句目の表現を踏まえて考えてみよう。**

一句目にあるように、体力や気力はあふれるばかりで自信があるにもかかわらず、二句目にあるように、運が自分に味方しなかったから敗戦したのだと考えている。

# 項王自刎

## 書き下し文・現代語訳

①是に於いて項王乃ち東のかた烏江を渡らんと欲す。②烏江の亭長、船を檥して待つ。③項王に謂ひて曰はく、「江東小なりと雖も、地は方千里、衆は数十万人、亦王たるに足るなり。④願はくは大王急ぎ渡れ。⑤今独り臣のみ船有り。⑥漢軍至るも、以て渡る無し。」と。⑦項王笑ひて曰はく、「天の我を亡ぼすに、我何ぞ渡らんや。⑧且つ籍は江東の子弟八千人と、江を渡りて西す。⑨今一人の還るもの無し。⑩縦ひ江東の父兄憐れみて我を王とすとも、我何の面目ありて之に見えん。⑪縦ひ彼言はずとも、籍独り心に愧ぢざらんや。」と。⑫乃ち亭長に謂ひて曰はく、「吾公の長者たるを知る。⑬吾此の馬に騎すること五歳、当たる所敵無し。⑭嘗て一日に行くこと千里なり。⑮之を殺すに忍びず。⑯以て公に賜はん。」と。

⑰乃ち騎をして皆馬を下りて歩行せしめ、短兵を持して接戦す。⑱独り籍の殺す所の漢軍、数百人なり。⑲項王の身も亦十余創を被る。⑳顧みるに漢の騎司馬呂馬童を見たり。㉑曰はく、

---

①そこで項王（項羽）は東方の烏江を渡ろうとした。②烏江の宿場の長は、船を出す準備をして待った。③項王に向かって言うことには、「江東の地は小さいとはいえ、広さは千里四方、民は数十万人いて、また王になるに十分といえます。④どうか大王さま急いで渡ってください。⑤今ただ私めだけが船を持っています。⑥漢軍は着いても、渡る手段がありません。」と。⑦項王が笑って言うことには、「天が私を亡ぼそうとしているのに、私はどうして渡ろうか（いや、渡らない）。⑧その上に籍（私）は江東の若者八千人と、烏江を渡って西に向かった。⑨今一人の帰還する者もいない。⑩たとえ江東の（若者の）親たちが憐れんで私を王としたとしても、私は何の面目があってこの親たちに顔を合わせられようか（いや、合わせられない）。⑪たとえ彼らが何も言わないとしても、籍（私）はどうして心に恥じないだろうか（いや、恥じる）。」と。⑫それで宿場の長に言うことには、「私はあなたが人生経験豊かで優れた人物であることを知っている。⑬私はこの馬に五年乗っているが、当たるところに敵はなかった。⑭以前一日に千里を走ったこともある。⑮この馬を殺すに忍びない。⑯そこで（この馬を）あなたに与えよう。」と。

⑰それで騎馬兵みなに馬を下りて歩かせ、刀剣などの武器を持

「若は吾が故人に非ずや。」と。㉒馬童之に面し、王翳に指して曰はく、「此れ項王なり。」と。㉓項王乃ち曰はく、「吾聞く、漢我が頭を千金・邑万戸に購ふと。㉔吾若の為に徳せん。」と。㉕乃ち自刎して死す。

（『史記』項羽本紀）

って（追撃してくる漢軍と）白兵戦をした。⑱籍（項羽）一人で殺した漢軍の兵は、数百人にもなった。⑲項王の身体もまた十箇所余りの傷を受けた。⑳振り返ると漢の騎司馬の呂馬童が見えた。㉑（項王が）言うことには、「お前は私の旧友ではないか。」と。㉒呂馬童は項王から顔を背けて、王翳に指し示して言うことには、「これが項王である。」と。㉓項王がそこで言うことには、「私は聞いている、漢は私の首に千金と一万戸分の領地の賞金を懸けて捜し求めていると。㉔私はお前のために恩恵を施そう。」と。㉕（項王は）そこで自ら首をはねて死んでしまった。

## 重要語句 高 古

327 | 53

**雖** 「いへどモ」と読み、「～であるが」の意。確定条件。

**独** 「ひとリ」と読み、「ただ」の意。限定を表す。「独」（高三二八・2）（古五四・2）は「独～乎」で、反語の句法。

328 **且** 「かツ」と読み、「その上に・一方で」の意。

54 **嘗** 「かつテ」と読み、「以前」の意。

## 発問 脚注問題 高 古

高327ページ 古53ページ

**1** 「渡レ江而西」とは、どうしたことをいうのか。

江東から長江を渡り、秦を倒すために西に向かったこと。

高328ページ 古54ページ

**2** 呂馬童は、以下の会話から、項羽とどのような関係であったと考えられるか。

呂馬童は項羽の旧友であり、以前項羽に仕えていた。

## 教材末の問題 高329ページ 古55ページ

### 学習

1 長江の下流での流れ方と、垓下・烏江・江東の場所を地図で確認しよう。→教科書地図参照（高三三〇頁）（古五六頁）

### 言語活動

1 項羽はなぜ江東に帰らなかったのか。話し合ってみよう。

ともに挙兵した多くの若者を戦死させて自分だけが帰るのは面目なく、自分を滅ぼすという天の意志に従おうと考えたから。

# 思想 論語／孟子／荀子／老子／荘子／韓非子

高「高等学校 古典探究」336～357ページ
古「古典探究 漢文編」62～83ページ

## —論語—

### 作品紹介

**論語 ろんご** 孔子の死後、弟子たちによってまとめられた言行録。孔子の説く「仁」の意義や政治、教育について述べられている。『大学』『中庸』『孟子』とともに四書の一つ。二十篇。

孔子（前五五一～前四七九）は魯の出身で、名は丘、字は仲尼。「仁」を道徳の基本とする徳治主義を唱え、「礼」に基づく封建制度を理想とした。魯の政治改革に参加したが失敗。諸国遊説の旅をし、帰郷後は古典の整理や弟子の育成に専念した。儒教の創始者。

### ◆道徳斉礼◆

### 書き下し文・現代語訳

①子曰はく、「之を道くに政を以てし、之を斉ふるに刑を以てすれば、民免れて恥づる無し。②之を道くに徳を以てし、之を斉ふるに礼を以てすれば、恥づる有りて且つ格る。」と。

（為政）

---

①先生（孔子）が言うことには、「民を導くのに法律や命令だけの政治を手段とし、民を統制するのに刑罰を手段とするならば、民は（刑罰を）免れて（しまえば悪いことをしても）恥じることがない。②（それに対し）民を導くのに道徳を手段とし、民を統制するのに礼儀を手段とするならば、（民は自ら）恥じる心をもち、その上に正しい道に進む。」と。

## 発問　脚注問題　高古

高 336ページ　古 62ページ

**1** 「民免而無レ恥」とは、どういうことか。

刑を免れさえすればよいと考え、罪を恥じる気持ちが失われてしまうこと。

## ◆長沮・桀溺◆

### 書き下し文・現代語訳

①長沮・桀溺、耦して耕す。②孔子之を過ぎ、子路をして津を問はしむ。③長沮曰はく、「夫の輿を執る者は誰と為す。」と。④子路曰はく、「孔丘と為す。」と。⑤曰はく、「是れ魯の孔丘か。」と。⑥曰はく、「是れなり。」と。⑦曰はく、「是れなれば津を知らん。」と。⑧桀溺に問ふ。⑨桀溺曰はく、「子は誰と為す。」と。⑩曰はく、「仲由と為す。」と。⑪曰はく、「是れ魯の孔丘の徒か。」と。⑫対へて曰はく、「然り。」と。⑬曰はく、「滔滔たる者、天下皆是れなり。⑭而して誰と以にか之を易へん。⑮且つ而其の人を辟くるの士に従はんよりは、豈に世を辟くるの士に従ふに若かんや。」と。⑯耰して輟めず。⑰子路行きて以て告ぐ。⑱夫子憮然として曰はく、「鳥獣は与に群れを同じくすべからず。⑲吾斯の人の徒と与にするに非ずして誰と与にせん。⑳天下

①長沮と桀溺が、二人並んで（土地を）耕していた。②孔子がここを通り過ぎ、子路に川の渡し場を尋ねさせた。③長沮が言うことには、「あの車の手綱を持っている人は誰か。」と。④子路が言うことには、「孔丘です。」と。⑤（長沮が）言うことには、「それは魯の国の孔丘か。」と。⑥（子路が）言うことには、「そうです。」と。⑦（長沮が）言うことには、「孔丘であるならば川の渡し場を知っているだろう。」と。⑧（子路は）桀溺に問いかけた。⑨桀溺が言うことには、「あなたは誰ですか。」と。⑩（子路が）言うことには、「仲由です。」と。⑪（桀溺が）言うことには、「お前は魯の国の孔子の弟子か。」と。⑫（子路が）答えて言うことには、「そうです。」と。⑬（桀溺が）言うことには、「水が（高きから低きへ）流れゆくように世の中が悪い方向へ向かうのは、世の中のすべてがみな同じである。⑭それなのに（孔子は）誰と一緒にこれ（乱れた世の中）を変えようとするのか（変えられるわけがない）。⑮その上にお前はつまらない人を避けて、立派な

道(みち)有(あ)らば、丘与(きゅうとも)に易(か)へざるなり。」と。

（微子(びし)）

## 重要語句

高 336 古 62

**焉** 置き字。文末で強意・断定の意味を表す。

**夫** 「かノ」と読んで、「あの・この」の意。

**与** 文末で「や・か・かな」と読み、疑問・反語・詠嘆を表す。ここでは、「か」と読んで、疑問の意。

高 337 古 63

**而** 「なんぢ」と読んで、「お前」の意。他に、置き字または「しかシテ・しかレドモ」などと読んで順接・逆接を表す用法がある。

**若** 「しク」と読んで、「及ぶ」の意。

人に仕えようとする人に従おうとするよりも、世の中を避けて隠遁(いんとん)生活を送る人に従う方がよい。」と。⑯（桀溺は）まいた種に土をかけて（農作業を）やめなかった。⑰子路が（孔子のもとに）行って（このことを）告げた。⑱先生（孔子）が落胆して言うことには、「鳥や獣とは一緒に同じ群れにいることができない。⑲私はこの世の中の人々と一緒に行動するのではないなら誰と一緒に行動しようか（いや、誰とも行動しない）。⑳もし世の中に（しっかりとした）道があるならば、丘（私）は誰かと一緒に（この世の中を）変えることなどしない。」と。

## 発問 脚注問題 高 古

**1** 高 336ページ 古 62ページ **以下の会話の発言者は、それぞれ誰か。**

・「夫執輿者為誰。」…長沮。　・「為孔丘。」…子路。
・「是魯孔丘与。」…長沮。　・「是也。」…子路。
・「是知津矣。」…長沮。　・「子為誰。」…桀溺。
・「為仲由。」…子路。
・「是魯孔丘之徒与。」…桀溺。
・「然。」…子路。
・「滔滔者……之士哉。」…桀溺。
・「鳥獣不……与易也。」…孔子。

**2** 高 337ページ 古 63ページ **「辟レ人之士」「辟レ世之士」とは、それぞれ誰を指すか。**

・「辟レ人之士」…孔子。 ・「辟レ世之士」…長沮と桀溺。

**3** 「憮然」とはどのような態度か。

落胆を表した態度。

## 教材末の問題

高 337ページ 古 63ページ

**学習**

1 「道徳斉礼」の本文から、孔子が理想とする政治の特徴をまとめてみよう。

法律や刑罰ではなく、道徳と礼儀によって民を導くこと。

2 長沮と桀溺は、孔子にどのような思いをもっているか。それが読み取れる部分を「長沮・桀溺」の本文から抜き出し、その思いがどのようなものかをまとめてみよう。

・長沮

「是知津矣。」…孔子が知者ならば知らないことなどないだろうという皮肉を込めた思い。

・桀溺

「滔滔者、天下皆是也。……豈若従辟世之士哉。」…乱れた世の中を変えるために、自分の思想に賛同する優れた人物を求めて理想の政治を志す孔子の生き方を否定する思い。

# ―孟子―

## 作品紹介

**孟子　もうし**　孟子の言行を中心に諸侯・弟子たちとの対話を集めた書。『論語』『大学』『中庸』とともに四書の一つ。十四篇。
孟子（前三七二～前二八九）は、戦国時代の思想家。名は軻、字は子輿。孔子の「仁」の教えを受け継ぎ、「性善説」を唱えた。

### ◆不レ忍レ人之心◆

## 書き下し文・現代語訳

①孟子曰はく、「人皆人に忍びざるの心有り。②先王人に忍びざるの心有りて、斯に人に忍びざるの政有り。③人に忍びざるの心を以て、人に忍びざるの政を行はば、天下を治むること、之を掌上に運らすべし。

④人皆人に忍びざるの心有りと謂ふ所以の者は、今、人乍ち孺子の将に井に入らんとするを見れば、皆怵惕惻隠の心有り。⑤交はりを孺子の父母に内るる所以に非ざるなり。⑥誉れを郷党朋友に要むる所以に非ざるなり。⑦其の声を悪みて然するに非ざるなり。

⑧是に由りて之を観れば、惻隠の心無きは、人に非ざるなり。⑨羞悪の心無きは、人に非ざるなり。⑩辞譲の心無きは、人

---

①孟子が言うことには、「人はみな人の不幸を見過ごせない心がある。②古い時代の優れた帝王は人の不幸を見過ごせない心があり、そこで人の不幸を見過ごせない政治が行われた。③人の不幸を見過ごせない心で、人の不幸を見過ごせない政治を行うならば、世の中を治めることは、手のひらの上で物を転がすように容易である。

④人がみな人の不幸を見過ごせない心があるという理由は、仮に今、人は不意に幼児が井戸に落ちそうにしているのを見れば、みな驚き恐れかわいそうに思う心が生じ（て助けようとす）るからである。⑤幼児の父母と交際を結ぼうとする理由からではない。⑥誉れを村人や友人に求めたいという理由からでもない。⑦悪い評判をおそれてそうするのでもない。

⑧以上のことから考えてみると、かわいそうに思う心がない者は、人ではない。⑨不正を恥じて憎む心がない者は、人ではない。

に非ざるなり。⑪是非の心無きは、人に非ざるなり。⑫惻隠の心は、仁の端なり。⑬羞悪の心は、義の端なり。⑭辞譲の心は、礼の端なり。⑮是非の心は、智の端なり。⑯人の是の四端有るや、猶ほ其の四体有るがごときなり。」と。（公孫丑上）

⑩他人に謙虚になって譲る心がない者は、人ではない。⑪事の善し悪しを判断する心がない者は、人ではない。⑫かわいそうに思う心は、仁の始まりである。⑬不正を恥じて憎む心は、義の始まりである。⑭他人に謙虚になって譲る心は、礼の始まりである。⑮事の善し悪しを判断する心は、智の始まりである。⑯人（の心）にこのような四つの萌芽があるのは、（喩えるならば人に）両手両足があるようなものなのである。」と。

## 重要語句 高 古

339 65

**由** 「よル」と読み、「～にもとづく」の意。

**猶** 再読文字。「なホ～ごとシ」と読み、「～のようだ・と同じだ」の意で、比況を表す。

## 発問 脚注問題 高 古

高 338ページ 古 64ページ

**1** 「然」とは、どうすることか。

幼児が井戸に落ちそうになったとき、驚き恐れかわいそうに思う心が生じて助けようとすること。

## ◆性善◆

### 書き下し文・現代語訳

①告子曰はく、「性は猶ほ湍水のごときなり。②諸を東方に決すれば、則ち東流し、諸を西方に決すれば、則ち西流す。③人の性の善・不善を分かつこと無きは、猶ほ水の東西を分かつこと

①告子が言うことには、「人の本性は渦を巻いて流れる水のようなものである。②これを東の方に堤防を切っておとせば、東へと流れ、これを西の方に堤防を切っておとせば、西へと流れる。③人の本性が善とも不善とも区別がないのは、水が東西（のどちらに流れ

無きがごときなり。」と。

④孟子曰はく、「水は信に東西を分かつこと無きも、上下を分かつこと無からんや。⑤人の性の善なるは、猶ほ水の下きに就くがごときなり。⑥人善ならざること有る無く、水下らざること有る無し。⑦今夫れ水は、搏ちて之を躍らせば、顙を過ごさしむべく、激して之を行らば、山に在らしむべし。⑧是れ豈に水の性ならんや。⑨其の勢ひ則ち然るなり。⑩人の不善を為さしむべき、其の性も亦猶ほ是くのごときなり。」と。（告子上）

## 重要語句

高 340　古 66

**諸**　「これ・コレ」と読み、指示語の働きをする。

**則**　「すなはチ」と読み、①「～であれば・その時には」、②「すぐに」の意。ここでは、①の意。

るのか）の区別がないのと同じである。」と。

④孟子が言うことには、「水は確かに東西の区別がないが、上下の区別はないだろうか（いや、区別はある）。⑤人の本性が善であるのは、水が低いところに流れるようなものである。⑥人は善でないことはなく、水は低いところに流れないものはない。⑦たとえばそもそも水は、手でうってこれをはねかえらせると、（水しぶきは高く上がって）額を飛び越えさせることもできるし、水流をせきとめて水を逆流させると、山（の頂）までのぼらせることもできる。⑧これはどうして水の本性であろうか（いや、そうでない）。⑨外からの人為的な力がそうさせるのである。⑩人に不善な行為をさせることができるのは、その（人の）本性もまたこのような（水と同様で、外からの人為的な力がそうさせる）ものなのである。」と。

## 発問　脚注問題　高　古

高 340ページ　古 66ページ

**1**　「猶レ是」とは、どういうことか。

水と同様で、外からの人為的な力によって変え得るということ。

## 教材末の問題　高341ページ　古67ページ

**学習**

**1 孟子が「不ルレ忍ビレ人ニ之心」があると主張するのはどのような根拠からか。説明してみよう。**

幼児が井戸に落ちそうになったとき、人は驚き即座にその子を助けようと思う。これは私利私欲とは無関係な自然に心に湧きあがる感情である。それゆえに、人にはもともと人の不幸を見過ごせない心（不ルレ忍ビレ人ニ之心）が備わっているといえる。

**2 「不ルレ忍ビレ人ニ之心」で、孟子は「惻隠」「羞悪」「辞譲」「是非」と「仁」「義」「礼」「智」の関係をどのように述べているか。まとめてみよう。**

「惻隠」「羞悪」「辞譲」「是非」の心は、それぞれ「仁」「義」「礼」「智」という道徳の基本原理へと結びついてゆくものである。

**3 「性善」で、告子と孟子はそれぞれ人の性質と水の性質とをどのように関係づけているか。説明してみよう。**

告子は、水の性質は決まっておらずどのような流れにもなり得るのと同様に、人の性質も決まってはおらず善にも不善にもなり得るとする。これに対し孟子は、水は低い方へと流れる性質があり、流れが変わるのは人為的な力が働くからであり、それと同様に、人の性質ももともとは善であり、不善をなすのは人為的な力が働くからであるとする。

---

**ことばと表現**

**1 「不ルレ忍ビレ人ニ之心」と「性善」の本文から、それぞれ対になっている表現を抜き出してみよう。**

○「不ルレ忍ビレ人ニ之心」

・「非所以内交於孺子之父母也。」と「非所以要誉於郷党朋友也。」

・「無惻隠之心、非人也。」と「無羞悪之心、非人也。」と「無辞譲之心、非人也。」と「無是非之心、非人也。」

・「惻隠之心、仁之端也。」と「羞悪之心、義之端也。」と「辞譲之心、礼之端也。」と「是非之心、智之端也。」

○「性善」

・「決諸東方、則東流、」と「決諸西方、則西流。」

・「人無有不善、」と「水無有不下。」

・「搏而躍之、可使過顙、」と「激而行之、可使在山。」

# 荀子

## 作品紹介

**荀子　じゅんし**　荀子の著作を後世の学者がまとめた書物。天論（現象論）・勧学（学問論）・礼論（制度論）などを中心とする。二十巻三十二篇。

荀子（前三一三？〜前二三八？）は、戦国時代の思想家。名は況、または荀卿。孔子の儒教を受け継いだが、孟子の「性善説」に対し、人間の本性は利欲の追求にあるとする「性悪説」を唱え、「礼」をもって秩序を正すことを説いた。門人に法家の韓非がいる。

## ◆性悪◆

### 書き下し文・現代語訳

①人の性は悪なり、其の善なる者は偽なり。②今、人の性、生まれながらにして利を好むこと有り。③是に順ふ、故に争奪生じて辞譲亡ぶ。④生まれながらにして疾悪すること有り。⑤是に順ふ、故に残賊生じて忠信亡ぶ。⑥生まれながらにして耳目の欲有り、声色を好むこと有り。⑦是に順ふ、故に淫乱生じて礼義文理亡ぶ。

⑧然らば則ち人の性に従ひ、人の情に順はば、必ず争奪に出で、犯文乱理に合して暴に帰す。⑨故に必ず将に師法の化・礼義の道き有りて、然る後に辞譲に出で、文理に合して治

---

①人の本性は悪であり、それが善であるというのは（後からの）作為によるものである。②たとえば、人の本性は、生まれながらに利益を好む性質がある。③これに従うと、それによって紛争や略奪が生じて人に謙虚に譲ることが失われてしまう。④（また、人の本性には）生まれながらにねたみ憎む性質がある。⑤これに従うと、それによって他人を傷つけそこなうことが生じて偽りのない真心が失われてしまう。⑥（また、人の本性には）生まれながらに聞くもの見るものへの欲望があり、音楽と美女を好む性質がある。⑦これに従うと、それによって淫らな心が生じて人が守るべき正しい道や、ものごとの道理や筋道が失われてしまう。

⑧そうであるならば人の本性に従い、人の感情に従えば、必ず

に帰せんとす。⑩此を用て之を観れば、然らば則ち人の性は悪なること明らかなり。⑪其の善なる者は偽なり。（性悪）

## 重要語句

高342 古68 故「ゆゑニ」と読み、「だから・こういうわけで」の意。

## 教材末の問題　高343ページ　古69ページ

### 学習

1　荀子は「人之性悪」（高三四二・2）（古六八・2）の具体例として、どのような性質をあげているか。まとめてみよう。

・「好利」…利益を好む性質。
・「疾悪」…ねたみ憎む性質。
・「耳目之欲」「好声色」…聞くもの見るものへの欲望、音楽と美女を好む性質。

紛争や略奪が発生し、道理を乱すことになって（世の中は）混乱状態に帰してしまう。⑨だから必ず先生の教えによる教化や礼と義の導きがあり、そうある後に他人に謙虚に譲ることが起こり、ものごとの道理や筋道にかなうようになって世の中が治まるようになるのである。⑩以上のことから考えると、そうであるならば人の本性が悪であることは明らかである。⑪（したがって）それ（人の本性）が善であるというのは（後からの）作為によるものである。

### 言語活動

1　性善説と性悪説とを比較して、考えたことを四百字程度でまとめてみよう。

〈ポイント〉性善説と性悪説は、生まれたときの人間の本性を真逆ととらえているが、どちらも学ぶことの必要性を説いている点で共通している。

### ことばと表現

1　本文から対になっている表現を抜き出してみよう。

「生而有好利焉。順是、故争奪生而辞譲亡焉。」

「生而有疾悪焉。順是、故残賊生而忠信亡焉。」

「生而有耳目之欲、有好声色焉。順是、故淫乱生而礼義文理亡焉。」


「従人之性」

「順人之情」


「出於争奪、合於犯文乱理而帰於暴。」

「出於辞譲、合於文理而帰於治。」

# ―老子―

## 作品紹介

**老子**　ろうし　「無為自然」の道を説き、道に従う処世訓や政治などを述べている。『道徳経』ともいう。老子の著とも、後世の道家が編集したものともいわれる。二巻、八十一章。

老子（生没年未詳）は、春秋時代の思想家。道家の祖。姓は李、名は耳、字は耼。「無為自然」の生き方を理想とした。

## ◆無為之治◆

### 書き下し文・現代語訳

①賢を尚ばざれば、民をして争はざらしむ。②得難きの貨を貴ばざれば、民をして盗を為さざらしむ。③欲すべきを見さざれば、民の心をして乱れざらしむ。④是を以て、聖人の治は、其の心を虚しくして、其の腹を実たし、其の志を弱くし、其の骨を強くし、常に民をして無知無欲ならしめ、夫の智者をして敢へて為さざらしむるなり。⑤無為を為せば、則ち治まらざること無し。

（三章）

---

①賢者を尊ばなければ、民衆に争わなくさせることになる。②得がたい財宝を貴ばなければ、民衆に盗みをしなくさせることになる。③欲しがるものを見せなければ、民衆の心に乱れを生じなくさせることになる。④こういうわけで、徳の優れた人の政治は、民衆の心を空っぽにして、その腹をいっぱいにし、その意志を弱め、その身体を鍛え、常に民衆に知恵もなく欲望もなくさせて、あの知恵のある者に決して政治に関わらせないのである。⑤自然のままで作為のない政治を行えば、世の中が（泰平に）治まらないことはない。

## 重要語句

高 344 古 70 是以 「ここヲもつテ」と読み、「こういうわけで」の意。

## ◆無用之用◆

### 書き下し文・現代語訳

①三十の輻は一轂を共にす。②其の無に当たりて、車の用有り。③埴を埏して以て器を為る。④其の無に当たりて、器の用有り。⑤戸牖を鑿ちて以て室を為る。⑥其の無に当たりて、室の用有り。⑦故に有の以て利を為すは、無の以て用を為せばなり。

（十一章）

## 発問 脚注問題 高 古

**1** 高 344ページ 古 70ページ 「夫智者」とは、どのような人物をいうのか。

世間で見られるような、知恵や弁説などに優れた人物。

〈ポイント〉「道」を習得した聖人ではなく、知恵や弁舌などに優れた人を指しており、否定的な見方がなされている。

①（車輪の）三十本の輻は一つの轂に集まっている。②その（轂の）空間部によって（軸を通しているから）、車輪としての働きをするものになる。③粘土をこねて器を作る。④その（器の中の）空洞によって（物を入れるところとなるから）、器としての働きをするものになる。⑤戸口や窓とする穴をあけて部屋を作る。⑥その（部屋の）空間部によって、部屋としての働きをするものになる。⑦だから形あるものが利益をもたらすのは、形のないものが働きをしているからである。

**発問** 脚注問題 高 古

高 345ページ 古 71ページ

**1** 「其無」は、それぞれ何を指すか。

・「其無」（高三四五・1）（古七一・1）…轂の中心にある軸を通すための空間部。

・「其無」（高三四五・2）（古七一・2）…器の中の空洞。

・「其無」（高三四五・2〜3）（古七一・2〜3）…部屋の中の空間部。

## ◆小国寡民◆

### 書き下し文・現代語訳

①小国寡民、什伯の器有るも用ゐざらしめ、民をして死を重んじて遠く徙らざらしむ。②舟輿有りと雖も、之に乗る所無く、甲兵有りと雖も、之を陳ぬる所無し。③民をして復た縄を結びて之を用ゐ、其の食を甘しとし、其の服を美とし、其の居に安んじ、其の俗を楽しましむ。④隣国相望み、鶏犬の声相聞こゆるも、民老死に至るまで、相往来せず。

（八十章）

①国が小さく民も少なく、（民衆の中に）並の人の十倍、百倍の才能があっても（その才能を）用いないようにさせ、民衆に生命を大切にさせて遠くへ移り住まないようにさせる。②たとえ舟や車があるとしても、これに乗ることはなく、よろいと武器があるとしても、これを並べる（戦いをする）ことはない。③民衆に再び（文字ではなく、大昔の社会のように）縄を結んでこれを（記録・伝達に）使わせ、その食事をうまいと思わせ、その衣服を美しいと思わせ、その住まいに安住させ、その風俗習慣を楽しませる。④隣国が互いに見え、鶏や犬の声が互いに聞こえても（隣国がそのような近い距離にあっても）、民衆は老いて死に至るまで、互いに往き来することはない。

## 重要語句

高 古

345 71 雖　「いへどモ」と読んで、①「たとえ～ても」（仮定条件）、②「～であるが」（確定条件）を表す。ここでは、①の意。

## 発問　脚注問題　高 古

**1** 高 345ページ 古 71ページ なぜ「不㆓相往来㆒」なのか。

今の国での生活に充足して、他国へ移り住みたいという気持ちにならないから。

## 教材末の問題　高 346ページ 古 72ページ

**学習**

1 「無為之治」とはどのような政治なのか。説明してみよう。

民を無知無欲にさせて、知恵のある者などに政治に関わらせない、自然のままをよしとする政治。

2 「無用之用」において、「轂」「器」「室」に「無」が必要とされるのはなぜか。それぞれ説明してみよう。

〈例〉

・轂…轂の穴に軸を通すことで、車輪をまわすことができ、車輪としての働きが可能になるから。（穴が必要）

・器…器の中の空洞によって、物や水を入れるという器としての働きが可能になるから。（空洞が必要）

・室…部屋の中の空間によって、人がそこに住むことができ、部屋としての働きが可能になるから。（空間が必要）

3 「小国寡民」とはどのような社会なのか。説明してみよう。

国が小さく民も少なく、民の生活を現状のままにさせることで無為の状態を保っており、民に充足した生活を送らせることで無欲の状態となっている社会。

**ことばと表現**

1 「為」にはどのような読み方があるか。整理してみよう。

・なル・なス・つくル

・たリ（断定）

・ため・ために（目的・理由・利益をもたらす対象）

# ―荘子―

## 作品紹介

荘子　そうじ　内編・外編・雑編の三部に分かれる。内編は荘子自身、外編・雑編は門人や後世の人の手によるものといわれる。巧みな比喩、寓話、奔放な文体、思想は中国のみならず日本の思想・文学にも大きな影響を与えた。三十三篇。

荘子（前三六九？～前二八六？）は、戦国時代の思想家。名は周、字は子休。相対的な価値観を廃して絶対の境地を重視することを説いた。儒家など他学派を批判。老子と併せ「老荘」と称される。

## ◆曳㆓尾於塗中㆒◆

### 書き下し文・現代語訳

①荘子濮水に釣る。②楚王大夫二人をして往きて先んぜしむ。③曰はく、「願はくは境内を以て累はさん。」と。④荘子竿を持し顧みずして曰はく、「吾聞く、『楚に神亀有り、死して已に三千歳なり。⑤王巾笥して之を廟堂の上に蔵む。』と。⑥此の亀は、寧ろ其れ死して骨を留めて貴ばるるを為さんか、寧ろ其れ生きて尾を塗中に曳かんか。」と。⑦二大夫曰はく、「寧ろ生きて尾を塗中に曳かん。」と。⑧荘子曰はく、「往け。⑨吾将に尾を塗中に曳かんとす。」と。

（秋水）

---

①荘子が濮水で釣りをしていた。②楚王が大夫二人に先に（荘子のところに）行って（王の考えを）伝えさせた。③（大夫が伝え）言うことには、「どうか国内の政治をお任せさせてください。」と。④荘子が竿を持って振り返りもせず言うことには、「私は（次のことを）聞いている、『楚に占い用の神聖な亀がいて、死んですでに三千年になる。⑤王は布で包んで箱に入れこれを先祖の霊を祭ってある場所の上に納めている。』と。⑥この亀は、死んで骨を残して貴ばれる方がよいか、それとも生きて尾を泥の中に引きずる方がよいか。」と。⑦二人の大夫が言うことには、「生きて尾を泥の中に引きずるのがよいだろう。」と。⑧荘子が言うことには、「（王のもとへ）行きなさい。⑨私は尾を泥の中に引き

**発問** 脚注問題 高 古

**1** 高347ページ 古73ページ

「持㆑竿不㆑顧」から、どのような気持ちがうかがえるか。

楚王からの言葉に、少しも興味をもてない気持ち。

ずっていよう。」と。

〈ポイント〉 死後も亡骸を祭られている亀よりも、泥の中を這って亀らしい生き方をして寿命をまっとうするのがよいと、荘子は考えている。

## ◆夢為㆓胡蝶㆒◆

### 書き下し文・現代語訳

①昔者、荘周夢に胡蝶と為る。②栩栩然として胡蝶なり。③自ら喩しみて志に適へるかな。④周たるを知らざるなり。⑤俄然として覚むれば、則ち蘧蘧然として周なり。⑥知らず、周の夢に胡蝶と為れるか、胡蝶の夢に周と為れるかを。⑦周と胡蝶とは、則ち必ず分有らん。⑧此を之れ物化と謂ふ。（斉物論）

①昔、（私）荘周は夢で胡蝶となった。②愉快で生き生きとしていて（自分は）胡蝶であった。③自ら楽しんで（自分の）気分にぴったり合っていたなあ。④（自分では）周であることがわからなかった。⑤にわかに目覚めると、しかし我に返って驚くことには（自分はやはり）周なのであった。⑥わからない、周が夢の中で胡蝶になったのか、（それとも）胡蝶が夢の中で周になったのか。⑦周と胡蝶とには、しかし必ず区別があるのだろう。⑧これを物化（万物は絶え間なく変化すること）というのである。

## 発問 脚注問題 高 古

**1** 高 348ページ 古 74ページ 「不レ知」とあるが、何を「不レ知」なのか。

周が夢の中で胡蝶になったのか、（それとも）胡蝶が夢の中で周になったのかということ。

〈ポイント〉「不知～」は、通常「～を知らず」と読むが、ここでは「～を」が長いので、返読せずに「知らず、～を」と読んでいる。「周之夢為胡蝶与、胡蝶之夢為周与」が「～を」にあたる部分である。

## ◆木鶏◆

### 書き下し文・現代語訳

①紀渚子王の為に闘鶏を養ふ。②十日にして問ふ、「鶏已なるか。」と。③曰はく、「未だし。④方に虚憍にして気を恃む。」と。⑤十日にして又問ふ。⑥曰はく、「未だし。⑦猶ほ嚮景に応ず。」と。⑧十日にして又問ふ。⑨曰はく、「未だし。⑩猶ほ疾視して気を盛んにす。」と。⑪十日にして又問ふ。⑫曰はく、「幾し。⑬鶏鳴く者有りと雖も、已に変ずること無し。⑭之を望むに木鶏に似たり。⑮其の徳全し。⑯異鶏の敢へて応ずる者無く、反りて走る。」と。

（達生）

①紀渚子は王のために闘鶏を飼育していた。②十日たって（王が）尋ねた、「鶏はもう戦えるようになったか。」と。③（紀渚子が）言うことには、「まだです。④ちょうど空威張りをして気負っています。」と。⑤十日たって（王が）さらに質問した。⑥（紀渚子が）言うことには、「まだです。⑦今なお（他の鶏の）声や姿に反応します。」と。⑧十日たって（王が）さらに質問した。⑨（紀渚子が）言うことには、「まだです。⑩今なお（他の鶏を見ると）すばやくふり返って気力を奮い立たせています。」と。⑪十日たって（王が）さらに質問した。⑫（紀渚子が）言うことには、「完成に近づいております。⑬（他の）鶏でたとえ鳴くものがいても、もう（様子を）変えることはありません。⑭これを遠くから見ると木で作った鶏のようです。⑮その徳は完全に身についております。⑯（その鶏に）他の鶏で向かって行こうとする

## 重要語句

高 348　古 74

**又**　「また」と読み、①「さらに・その上」、②「いったい」の意。ここでは、①の意。

**猶**　「なホ」と読み、「やはり・それでもなお」の意。

**幾**　「ちかシ」と読み、「ほとんど〜している」の意。ここでは、闘鶏の養育が完成に近づいているということ。

ものはなく、退いて逃げていきます。」と。

## 教材末の問題　高 349ページ　古 75ページ

学習

**1　「曳ク㆓尾ヲ於塗中ニ㆒」において、荘子が理想とする生き方を考えてみよう。**

名声にこだわって固苦しい世界に生きるよりも、俗世で生き生きと自由に暮らす生き方。

**2　「夢ニ為ル㆓胡蝶ト㆒」において、荘子は夢と現実の関係をどうとらえているか。考えてみよう。**

夢の中の胡蝶と現実の人間の周の区別がつかないように、夢と現実は区別しがたい関係で、同等のものであるととらえている。

**3　「木鶏」において、紀渻子は鶏のどのような状態を評価しているのか。説明してみよう。**

まるで木で作った鶏のようになって、いかなる状況にも動ぜず、平常心を保っている状態。

**4　儒家（孔子・孟子・荀子）と道家（老子・荘子）では、それぞれ人間が生きていくうえでどのようなことに重きを置いているか。考えてみよう。**

儒家は「仁」や「礼」によって人為的に世の中を変えることに重きを置き、道家は世の中を変えることを否定し、今ある世俗の中で無為自然に生きることに重きを置いている。

# 韓非子

## 作品紹介

韓非子　かんぴし　→この教科書ガイドの4頁

## ◆侵官之害◆

## 書き下し文・現代語訳

①昔者、韓の昭侯酔うて寝ねたり。②典冠の者君の寒きを見るや、故に衣を君の上に加ふ。③寝より覚めて説び、左右に問ひて曰はく、「誰か衣を加ふる者ぞ。」と。④左右対へて曰はく、「典冠なり。」と。⑤君因りて典衣と典冠とを兼ね罪せり。⑥其の典衣を罪せるは、以て其の事を失ふと為せばなり。⑦其の典冠を罪せるは、以て其の職を越ゆと為せばなり。⑧寒きを悪まざるに非ざるなり。⑨以為へらく官を侵すの害は寒きよりも甚だしと。

⑩故に明主の臣を畜ふや、臣は官を越えて功有ることを得ず、言を陳べて当たらざることを得ず。⑪官を越ゆれば則ち死され、当たらざれば則ち罪せらる。（二柄）

---

①昔、韓の昭侯は酔っ払って寝てしまった。②典冠（君主の冠を管理する役人）が君子が寒そうにしている姿を見て、それで君主の上に衣服をかけた。③（昭侯が）眠りから覚めて喜び、近臣に尋ねて言うことには、「誰が衣服をかけたのか。」と。④近臣が答えて言うことには、「典冠です。」と。⑤君主はそこで典衣（衣服を管理する役人）と典冠をともに罰した。⑥その典衣を罰したのは、（衣服を管理するという）自分の仕事を疎かにしたと見なしたからである。⑦その典冠を罰したのは、（冠を管理するという）自分の職務を越えたと見なしたからである。⑧寒さを嫌わなかったのではない。⑨官職を侵す弊害は寒さより甚大なのだと思う。

⑩そのようなわけで聡明な君主が家臣を登用するときには、家臣は官（の職分）を越えて功績を挙げることができないし、発言して（言行が）一致しないようなことはできない。⑪官（の職分）を越えれば殺され、（言行が）一致しなければ処罰されるのである。

## 重要語句

高 350　古 76

**也**　「や」と読み、①強調・提示・接続、②疑問・反語・感嘆を表す。ここでは、①の接続。

**以為**　「おもヘラク～ト」と読み、「～だと思う」の意。

## 教材末の問題

高 351ページ　古 77ページ

学習

**1**　「典衣」「典冠」が処罰された理由を、それぞれ説明してみよう。

・典衣…職務をなまけたから。

・典冠…越権行為をしたから。

**2**　本文から読み取れる君主のあるべき姿を、説明してみよう。

君主は一時の感情に流されることなく、国を統治するために法に基づいて厳しい態度で事に対処しなくてはならない。

# 文章 漁父辞／桃花源記／売油翁

高「高等学校 古典探究」358～370ページ
古「古典探究 漢文編」84～96ページ

## ―漁父辞―

### 作品紹介

**楚辞** そじ　中国戦国時代末期の楚の地方の歌謡をもとにして作られた、屈原やその後継者たちの作品を集めたもの。十七巻。

屈原（前三三九？～前二七八？）は、楚の文人・政治家。名は平。原は字。王を諫めたが受け入れられず、失意のうちに自殺した。

### 書き下し文・現代語訳

①屈原既に放たれて、江潭に游び、行沢畔に吟ず。②顔色憔悴し、形容枯槁せり。③漁父見て之に問ひて曰はく、「子は三閭大夫に非ずや。④何の故に斯に至れる。」と。⑤屈原曰はく、「世を挙げて皆濁り、我独り清めり。⑥衆人皆酔ひ、我独り醒めたり。⑦是を以て放たれたり。」と。

⑧漁父曰はく、「聖人は物に凝滞せずして能く世と推移す。⑨世人皆濁らば、何ぞ其の泥を淈して其の波を揚げざる。⑩衆人皆酔はば、何ぞ其の糟を餔らひて其の釃を歠らざる。⑪何の

①屈原はすでに追放され、川（湘江）のほとりをさまよい、歩きながら水辺で詩歌を口ずさんだ。②表情はやつれはて、姿かたちがやせ細っていた。③年取った漁師は（屈原を）見てこれ（屈原）に尋ねて言うことには、「あなたは三閭大夫ではないですか（三閭大夫でしょう）。④どのような理由でこのような姿になってしまったのですか。」と。⑤屈原が言うことには、「世の中の人はみな（心が）濁っているのに、私一人だけが（心が）清らかである。⑥多くの人は（みな心を乱して）酔ったようであるのに、私一人だけが（理性を保ち）目覚めている。⑦こういうわけで追放されたのです。」と。

故に深く思ひ高く挙ひて、自ら放たしむるや。」と。

⑫屈原曰はく、「吾之を聞けり、新たに沐する者は、必ず冠を弾き、新たに浴する者は、必ず衣を振るふと。⑬安くんぞ能く身の察察たるを以て、物の汶汶たる者を受けんや。⑭寧ろ湘流に赴きて江魚の腹中に葬らるとも、安くんぞ能く皓皓の白きを以て世俗の塵埃を蒙らんや。」と。

⑮漁父莞爾として笑ひ、枻を鼓して去る。⑯歌ひて曰はく、

⑰滄浪の水清まば
以て吾が纓を濯ふべし
⑱滄浪の水濁らば
以て吾が足を濯ふべし　と。

⑲遂に去りて復た与に言はず。

（『楚辞』）

---

⑧年取った漁師が言うことには、「知徳の優れた最高の人格者は物事にこだわらず世とともに移り変わることができるものです。⑨世の中の人がみな（心が）濁っているならば、どうしてその泥をかきまぜて濁らせ泥水の波をあげないのですか（あげたらよいのです）。⑩多くの人がみな酔って（道理がわからなくなって）いるならば、どうしてその酒かすを食べて水を混ぜた薄い酒をすすらないのですか（すすったらよいのです）。⑪どうして深く考え込んで孤高を保ち、自分で自分を追放させるのですか。」と。

⑫屈原が言うことには、「私はこういうことを聞いたことがあります、髪を洗って間もない者は、必ず冠のほこりをはじいて落とし、体を洗って間もない者は、必ず着物を振るってほこりを落とすと。⑬どうして身が潔白なのに、汚れたものを受け入れることができましょうか（いや、できません）。⑭湘江の流れに入って川の魚の腹の中に葬られる方がよく、どうして真っ白で潔白な身に俗世間のちりやほこりを受けることができましょうか（いや、できません）。」と。

⑮年取った漁師はにっこりと笑い、櫂の音をさせて船をこいで去った。⑯（漁師が）歌って言うことには、

⑰滄浪の水が清く澄んだなら
その水で私の冠のひもを洗うことができる
⑱滄浪の水が濁ったなら
その水で私の足を洗うことができる　と。

⑲そのまま立ち去り二度と一緒に話すことはなかった。

## 重要語句

高 358 古 84

**既** 「すでニ」と読み、「(もう)すでに」の意。

**見** 「る・らル」と読み、「〜(ら)れる」の意。受身を表す。

## 発問 脚注問題 高 古

**1** **「至二於斯一」とは、具体的にどのようなことをいうのか。** 高 358ページ 古 84ページ

国の高官だった屈原が追放され、やつれた姿で川のほとりをさまよい、水辺で詩歌を口ずさんでいること。

**2** **「吾聞レ之」はどこまでを指すか。** 高 359ページ 古 85ページ

「新沐者、必弾冠、新浴者、必振衣。」まで。

## 教材末の問題 高 360ページ 古 86ページ

### 学習

1 **屈原と漁父の問答について、それぞれの考え方をまとめ、その違いについて考えてみよう。**

・屈原…世の人は心が濁っているが、自分だけは清らかであり、理性を保っているために追放された。身が潔白なのに汚れを受け入れることは、断じてできない。

・漁父…水が澄めば冠のひもを洗い、濁れば足を洗えばよいというように、聖人とは、世の人に合わせて行動できる人だ。

・違い…屈原の考え方は、倫理観の失われた社会に妥協せず高潔さを守ろうとする儒家的なもので、漁父の考え方は、社会の流れに柔軟に対処しその中で主体的に生きようとする道家的なものである。

2 **漁父の歌った歌謡の意味を考えてみよう。**

「滄浪之水清マバ兮　可シ三以テ濯フ二吾ガ纓ヲ一」の部分は、倫理観に優れた社会ならば、仁に則(のっと)り生きるのがふさわしいという意味を表す。また、「滄浪之水濁ラバ兮　可シ三以テ濯フ二吾ガ足ヲ一」の部分は、礼節のない乱れた社会ならば、柔軟に対処し、そこで主体的に生きるのもよいとする考えを表す。

3 **作品全体の構成を考えてみよう。**

第一段落は、屈原の紹介も含めた登場の部分。第二・三段落は漁父の問いかけと屈原の答え。第四段落は漁父のさらなる答えと退場の部分。二人の考え方の違いが次第に明確になる構成である。

### ことばと表現

1 **本文から対になっている表現を抜き出してみよう。**

［「顔色憔悴、」「形容枯槁。」］　［「挙世皆濁、我独清。」「衆人皆酔、我独醒。」］

［「世人皆濁、何不漏其泥而揚其波。」「衆人皆酔、何不餔其糟而歠其醨。」］

［「新沐者、必弾冠、」「新浴者、必振衣。」］

［「安能以身之察察」「受物之汶汶者乎」］　［「滄浪之水清兮　可以濯吾纓」「滄浪之水濁兮　可以濯吾足」］

# 桃花源記

## 作品紹介

**陶淵明集　とうえんめいしゅう**　陶淵明の著作集。詩（「飲酒二十首」など）や辞賦などを収める。七巻。
陶淵明（三六五～四二七）は、六朝東晋末の自然詩人。通説では、本名は陶潜、淵明は字。役人を辞職した際の「帰去来辞」は有名。

## 書き下し文・現代語訳

①晋の太元中、武陵の人魚を捕ふるを業と為す。②渓に縁りて行き、路の遠近を忘る。③忽ち桃花の林に逢ふ。④岸を夾むこと数百歩、中に雑樹無し。⑤芳草鮮美、落英繽紛たり。⑥漁人甚だ之を異とす。⑦復た前行し、其の林を窮めんと欲す。⑧林水源に尽きて、便ち一山を得たり。⑨山に小口有り、髣髴として光有るがごとし。⑩便ち船を捨て口より入る。

⑪初めは極めて狭く、纔かに人を通ずるのみ。⑫復た行くこと数十歩、豁然として開朗なり。⑬土地平曠、屋舎儼然たり。⑭良田美池、桑竹の属有り。⑮阡陌交通じ、鶏犬相聞こゆ。⑯其の中に往来し種作す。⑰男女の衣著悉く外人のごとし。⑱黄髪垂髫、並びに怡然として自ら楽しむ。

---

①晋の国の太元の時、武陵出身の人が魚を捕らえることを職業としていた。②谷川に沿って行き、（進んだ）道のりがどのくらいかわからなくなった。③突然桃の花の林に思いがけなく出合った。④（林は）川を挟む両岸を数百歩（続き）、中に（桃以外の）いろいろな木はない。⑤香りのよい草が鮮やかでうるわしく、花びらが散り乱れている。⑥漁師はこの光景を非常に不思議なものと感じた。⑦再び進んで行き、その林を調べようとした。⑧林は水源で終わっていて、すぐに一つの山が現れた。⑨山に小さな入り口が有り、ぼんやりとしてかすかに光があるようだ。⑩すぐに船を手放して入り口から入った。

⑪初めはたいへん狭く、わずかに人を通すだけ（の狭さ）だった。⑫さらに数十歩歩いていくと、からっと開けていて明るい。⑬土地は平らで広々とし、家屋はきちんと並んでいる。⑭良い田畑や美しい池、桑や竹の類いの植物がある。⑮あぜ道はどれも

⑲漁人を見て、乃ち大いに驚き、従りて来たる所を問ふ。⑳具に之に答ふ。㉑便ち要して家に還り、為に酒を設け、鶏を殺し食を作る。㉒村中此の人有るを聞き、咸来たりて問訊す。㉓自ら云ふ、「先世秦時の乱を避け、妻子邑人を率ゐて、此の絶境に来たり、復た出でず。㉔遂に外人と間隔す。」と。㉕問ふ、「今は是れ何れの世ぞ。」と。㉖乃ち漢有るを知らず、魏・晋に論無し。㉗此の人一一為に具に聞く所を言ふ。㉘皆歎惋す。㉙余人各復た延きて其の家に至り、皆酒食を出だす。㉚停まること数日にして辞去す。㉛此の中の人語げて云ふ、「外人の為に道ふに足らざるなり。」と。

㉜既に出でて、其の船を得、便ち向の路に扶り、処処に之を誌す。㉝郡下に及び、太守に詣り、説くこと此くのごとし。㉞太守即ち人を遣はして其の往くに随ひ、向に誌しし所を尋ねしむるに、遂に迷ひて復た路を得ず。㉟南陽の劉子驥は、高尚の士なり。㊱之を聞き欣然として往かんことを規る。㊲未だ果たさず。㊳尋いで病みて終はる。㊴後遂に津を問ふ者無し。

（『陶淵明集』）

---

四方に通じて広がり、鶏や犬の鳴き声があちこちから聞こえる。⑯その中に（人々が）往来して種をまき耕作している。⑰男女の着物はどれも外部の人のようだ。⑱老人も子供も、みな喜び楽しんでいる。

⑲（人々は）漁師を見て、そこでたいへん驚き、どこから来たかを尋ねる。⑳詳しくこの質問に（漁師は）答える。㉑すぐに迎えて家に（連れて）帰り、漁師のために酒宴を設け、鶏をしめ食事を作る。㉒村中の人がこの人がいるのを聞き、みな来て問い尋ねる。㉓（村人が）自ら言うには、「先祖が秦の始皇帝の死後起こった戦乱を避け、妻子や村人を率いて、この世間と離れたところに来て、二度と（ここを）出なかったのです。㉔そのまま外部の人と隔たったのです。」と。㉕（村人が）問うに、「今は何の時代なのですか。」と。㉖なんと（秦に続く王朝の）漢があったのを知らず、魏や晋については言うまでもない（もちろん知らない）。㉗この人（漁師）は一つ一つ村人のために詳しく尋ねることに答える。㉘（村人は）みな驚いてため息をつく。㉙他の人もそれぞれまた（漁師を）家に招いて連れていき、みな酒や食事を出す。㉚（漁師は）逗留すること数日で別れを告げる。㉛この（村の）中の人が（漁師に）言うには、「（この村のことは）外部の人に言うほどではありません。」と。

㉜（漁師は）やがて（村を）出てしまい、自分の船を得て、すぐに前に来た道をたどり、ここかしこに目印を付けた。㉝郡の役所のあるところに行き、郡の長官をお訪ねして、こうだと説明した。㉞郡の長官はすぐに人を遣わして漁師が行くのについていき、前に目印を付けたところを探させたが、そのまま迷って再び（村への）

道を見つけることはできなかった。㉟南陽の劉子驥は、志と行いが高潔な人である。㊱これを聞いて喜び楽しみ（村へ）行くことを計画した。㊲（しかし）まだ果たしていない。㊳やがて病んで亡くなった。㊴その後はそのまま（村への）渡し場を尋ねる者もいない。

## 重要語句

高361 古87

便　「すなはチ」と読み、「すぐに」の意。

若　「ごとシ」と読み、比況を表す。

## 発問 脚注問題　高 古

**1** 高361ページ 古87ページ

「忘(二)路之遠近(一)」とは、どのような状態を示したものか。

道に迷っている状態。

**2** 高362ページ 古88ページ

「不(レ)足(下)為(二)外人(一)道(上)也」とは、どのような意味か。

外部の人に、この村のことを言わないでほしいという意味。

## 教材末の問題　高363ページ 古89ページ

学習

1　段落ごとにあらすじをまとめてみよう。

・第一段落…晋の太元の時、漁師が道に迷い、桃花の林と水源の山の入り口を見つけた。

・第二段落…開けたところに出ると村があり、人々は豊かな生活環境で農耕に励み、充実した、平和な生活を営んでいた。

・第三段落…村人は漁師を歓待し、多くの質問をした。また、先祖が戦乱を避けてこの地に来て以来、外部と隔たって暮らしていることを語り、この村の存在について口止めした。

・第四段落…漁師は村を出て、目印を付けながら戻ったが、その後、誰もその村を訪ねることはできなかった。

2　「初(メハ)極(メテ)狭(ク)～」（高三六一・6）（古八七・6）の段落に述べられている村や村人の様子を、整理してみよう。

・村の様子…広々とした平らな土地。整然と並ぶ家々。鶏や犬。広がるあぜ道。良質の田畑。美しい池。桑や竹。（農業の充実）（豊かな生活環境）

・村人の様子…耕作に励み、着物は外部の人と同じ。老人も子供も楽しげである。（平和で充実した農耕生活）

3　「桃源郷」は現在どのような意味で使われているか。調べてみよう。

俗世間を離れた平安な別世界。理想郷、ユートピア。

# 売油翁

## 作品紹介

**帰田録　きでんろく**　欧陽脩（おうようしゅう）の随筆集。

欧陽脩（一〇〇七〜一〇七二）は、北宋の政治家・学者。詩文に優れ、「唐宋八大家」の一人に数えられる。

## 書き下し文・現代語訳

①陳康粛公射を善くし、当世無双なり。②公も亦此を以て自ら矜る。③嘗て家圃に射る。④売油翁有り、担を釈きて立ち、之を睨ること久しうして去らず。⑤其の矢を発し十に八九を中つるを見て、但だ微しく之に頷くのみ。⑥康粛問ひて曰はく、「汝も亦射を知るか。⑦吾が射は亦精ならずや。」と。⑧翁曰はく、「他無し。⑨但だ手の熟せるのみ。」と。⑩康粛忿然として曰はく、「爾安くんぞ敢へて吾が射を軽んずるや。」と。⑪翁曰はく、「我が油を酌むを以て之を知る。」と。⑫乃ち一葫蘆を取りて、地に置き、銭を以て其の口を覆ひ、徐に杓を以て油を酌み之を瀝らす。⑬銭孔より入り、而も

①陳康粛（尭咨）公は弓術に優れ、当世に並ぶ者がないほどであった。②公もまたこのことを自分でも自慢に思っていた。③あるとき練習場になっている家の畑で弓を射ていた。④油売りの老人がいて、（かついでいた）荷物を降ろして立ったまま、これをそれとなく横目で見ていてしばらく立ち去ろうとしない。⑤康粛が矢を放ち十本のうち八、九本を命中させるのを見て、ただ少し頷くだけである。

⑥康粛が尋ねて言うことには、「お前もまた弓術がわかるのか。⑦私の射る技はなんと正確なものではないか。」と。⑧老人が言うことには、「何ということもありません。⑨ただ手が熟練したに過ぎません。」と。⑩康粛が腹を立てて言うことには、「お前はどうして私の弓の腕を軽くみようとするのか。」と。⑪老人が言うことには、「私の油を酌む（腕と比べてみる）ことでわかります。」

銭湿はず。⑭因りて曰はく、「我も亦他無し。⑮惟だ手の熟せるのみ。」と。⑯康粛笑ひて之を遣る。

⑰此れ荘生の所謂牛を解き輪を斲る者と何ぞ異ならんや。

（『帰田録』）

と。⑫そこで一つの瓢箪を取り出して、地面に置き、（真ん中に穴の空いた）銅銭でその口を覆い、ゆっくりとひしゃくで油を酌んでこれをしたたらせた。⑬（油は）銭の穴から（瓢箪の中に）入り、しかも銅銭が濡れることはなかった。⑭それで（老人が）言うことには、「私もまた何ということもありません。⑮ただ手が熟練したに過ぎません。」と。⑯康粛は笑ってこれ（老人）を帰した。

⑰これは荘子の言うところの牛の解体をする料理人や車輪を作る車大工の話とどうして異なるだろうか（いや、同じである）。

## 重要語句

高 364　古 90

**爾**　本文5行目の「爾」は「のみ」と読み、限定を表して「～だけだ・～に過ぎない」の意。ここは上の「但」とともに用いられて「ただ～のみ」と読み「ただ～に過ぎない」の意。8行目の「惟～爾」も同じ読み・意味で、これらのように呼応して用いられることが多い。なお、「爾」には他に「なんぢ・しかリ」などの読みがあり、5行目の「爾安敢……」の「爾」は、「なんぢ」と読んで「お前」の意である。

**自**　本文7行目の「自」は返読文字で「よリ」と読み、「～から」の意。1行目の「自」は「みづかラ」と読み「自分で」の意。

## 発問　脚注問題

高　古

**1　翁が「但微頷レ之」なのはなぜか。**　高 364ページ　古 90ページ

熟練した弓の射手が次々と命中させるのは見ていておもしろいが、自分が油を酌む技と同じでただ熟練しているだけで特別に優れた能力とは思っていないから。

**2　「之」の指示内容は何か。**

「但手熟爾」、つまり陳康粛（尭咨）が高い確率で矢を命中させることができるのは、ただ手慣れているに過ぎないということ。

## 教材末の問題　高365ページ　古91ページ

### 学習

1　全体の構成を考えながら、四つの段落それぞれの内容をまとめてみよう。

・第一段落（高三六四・1）（古九〇・1）
　陳康粛公の弓の腕前と自負心。（導入）

・第二段落（高三六四・2〜3）（古九〇・2〜3）
　陳康粛公の弓の練習の様子とそれを見ていた油売りの老人の反応。（展開①）

・第三段落（高三六四・4〜三六五・1）（古九〇・4〜九一・1）
　熟練した腕前に対する油売りの老人の見解と実証。（展開②）

・第四段落（高三六五・2）（古九一・2）
　油売りの老人の言動に対する筆者の感想。（まとめ）

2　陳康粛公が「但手熟爾」（高三六四・5）（古九〇・5）といわれて怒った理由を考えてみよう。

　自分の弓の腕前は並ぶものがないと世間にも評価され、自分でも自慢に思っているのに、一介の油売りの老人に、それは特別な能力でなく、ただ習熟したに過ぎないと言われて、侮辱されたように感じたから。

3　陳康粛公が「笑而遣之」（高三六四・8）（古九〇・8）としたのはなぜか。「笑」いに込められた気持ちも含めて考えてみよう。

　油売りの老人が、瓢箪の口に置いた銅銭の穴に、それを濡らすことなくひしゃくで油を注ぎ入れるという技をやすやすと行ったのを見て、老人が陳康粛公の弓の腕に対し「ただ熟練したに過ぎない」と言うのも当然だと納得し、一本とられたと感じたから。

### 言語活動

1　最後の一文はどのような意味か。『荘子』の二つの話（→高三六九頁・三七〇頁）（→古九五頁・九六頁）を読んで考えをまとめ、グループで話し合ってみよう。

　「解牛」は、心の働きで牛を見れば、その肉と骨のすきまがわかりリズムにのるような手さばきですべて解体できるとした、庖丁という料理人の話である。

　「斲輪」は、車輪作りの名人が、車輪を削るときのコツは、言葉や文字では表現できない心にしっくりくるものであると言ったという話である。

　最後の一文は、真の道を会得するということは、単に優れた技術を身につけるだけでなく、それ以上の「心で知る」ということであるという意味。

〈ポイント〉抜きん出た技術は教えられて身につけたものでなく、自分自身の感覚によって体得したものであるという点が、二つの話に共通している。

逸話 知音／梁上君子／三横

高「高等学校 古典探究」372～379ページ
古「古典探究 漢文編」98～105ページ

## ―知音―

### 作品紹介

**呂氏春秋　りょししゅんじゅう**　呂不韋が食客を集めて編纂させた書物。『呂覧』ともいう。二十六巻。伝説や逸話、道家・儒家思想をはじめとする諸家の説などが集められている。

呂不韋（?～前二三五）は、戦国時代末の商人で、秦の宰相。秦の始皇帝の父荘襄王の王位継承に貢献し、権力を極めたが、後に密通事件に連座して自殺した。一時は三千人もの食客をかかえていたという。

### 書き下し文・現代語訳

①伯牙琴を鼓し、鍾子期之を聴く。②琴を鼓するに方たりて志 太山に在り。③鍾子期曰はく、「善きかな、琴を鼓する。④巍巍乎として太山のごとし。」と。⑤少選の間にして、志 流水に在り。⑥鍾子期又曰はく、「善きかな、琴を鼓する。⑦湯湯乎として流水のごとし。」と。⑧鍾子期死す。⑨伯牙琴を破り弦を絶ち、終身復た琴を鼓せず。⑩以為へらく世に復た

---

①伯牙が琴を弾くと、鍾子期はこれに聞き入った。②（あるとき伯牙は）琴を弾くにあたって（伯牙の）心が太山にあった。③鍾子期が言うことには、「すばらしいなあ、（きみが）琴を弾くのは。④（山が）高くそびえる様子でまるで太山のようだ。」と。⑤しばらく経って、（伯牙の）心は川の流れにあった。⑥（すると）鍾子期がさらにまた言うことには、「すばらしいなあ、（きみが）琴を弾くのは。⑦広い川面を水が盛んに流れる様子でまるで川の

為に琴を鼓するに足る者無しと。

（『呂氏春秋』）

## 発問 脚注問題 高 古

**1** 高372ページ 古98ページ
**「志在二太山一」「志在二流水一」とはどういうことか。**

高くそびえる太山や盛んに流れる川の流れを心に思いながら琴を演奏したということ。

流れのようだ。」と。⑧（のちに）鍾子期が亡くなった。⑨伯牙は琴を壊して弦を断ち切り、一生涯二度と琴を弾かなかった。⑩（伯牙は）この世に二度とその人のために琴を弾くのにふさわしいような人物はいないのだと思った。

## 教材末の問題 高373ページ 古99ページ

学習

**1 この逸話から生まれた成語である「知音」は、現在どのような意味で使われているか。調べてみよう。**

自分をよく理解してくれる人。心の通じ合った親友。

〈ポイント〉「絶弦」（親しい人と死別すること）という成語もこの故事から生まれた。

**2 伯牙が「破レ琴絶レ弦、終身不二復鼓一レ琴」（高三七二・4）（古九八・4）としたのはなぜか、考えてみよう。**

自分の琴を本当によく理解してくれた鍾子期が死んで、もはや自分の真価をわかってくれる人は誰もおらず、琴を弾くかいもないと思ったから。

〈ポイント〉続く文の「以為～」は「（伯牙は）～だと思う」の意である。この文に、伯牙が琴を弾かなくなった理由が述べられている。終わりの二文から、親友を失った伯牙の深い落胆を読み取ろう。

# 梁上君子

## 作品紹介

**後漢書**　ごかんじょ　後漢王朝の事跡を記した歴史書。百二十巻。本紀十巻、列伝八十巻は范曄の編。志三十巻は晋の司馬彪の『続漢書』があてられている。中国の正史、二十四史の一つ。

范曄（三九八～四四五）は、南朝宋の歴史家。

## 書き下し文・現代語訳

①時に歳荒にして民倹なり。②盗有り夜其の室に入り、梁上に止まる。③寔陰かに見、乃ち起ちて自ら整払し、呼びて子孫に命じ、色を正し之に訓へて曰はく、「夫れ人は自ら勉めざるべからず。④不善の人未だ必ずしも本より悪ならず。⑤習ひ性と成り、遂に此に至る。⑥梁上の君子は是れなり。」と。⑦盗大いに驚き、自ら地に投じ、稽顙して罪に帰す。⑧寔徐に之を譬して曰はく、「君の状貌を視るに、悪人に似ず、宜しく深く己に剋ちて善に反るべし。⑨然れども此れ当に貧困に由るべし。」と。⑩絹二匹を遺らしむ。⑪是より一県に復た盗窃無し。

（『後漢書』）

---

①あるとき凶作になって人々は貧しかった。②泥棒がいて夜その（陳寔の）部屋に忍び込み、はりの上にじっととどまって（身を潜めて）いた。③陳寔はひそかに（それを）見て、そして起き上がって自分で身なりを整え、子供や孫たちを呼び、表情を引き締めて彼らに教え諭して言うことには、「そもそも人間は自ら勤勉でなければならない。④善くないことをする人も必ずしも本性から悪人であるとは限らない。⑤習慣が性質と共にできあがり、結局このような（善くないことをするような）ことになってしまうのだ。⑥はりの上にいるお方こそ（まさしく）これである。」と。⑦泥棒は（それを聞いて）大いに驚き、自分から地に降りてきて、額を地につけて謝罪した。⑧陳寔がしずかにこの人を諭して言うことには、「あなたの様子を見ると、悪人には見えない、よく自分に打ち勝って善に立ち返る（ように努める）のがよい。⑨しか

## 重要語句

高 374 古 100 **宜** 「よろシク〜ベシ」と読む再読文字で、「〜するのがよい」の意。

## 発問 脚注問題 高 古

**1** 高 374ページ 古 100ページ

「至二於此一」とはどういうことか。

善くないことをするようになってしまうということ。

しながらこのようなことをしたのはきっと貧困が原因にちがいない。」と。⑩（そして彼に）絹二匹を与えさせた。⑪このときから県の中すべてにおいて二度と窃盗（が起こること）がなかった。

## 教材末の問題 高 375ページ 古 101ページ

学習

1 「一県無二復盗窃一」（高 三七四・7）（古 一〇〇・7）は、県の人々がこの事件に感銘を受けたからだと考えられるが、陳寔のどのような人柄に感銘を受けたのか考えてみよう。

盗みを働こうとした者に、間接的な方法で教え諭して悪事を未然に防ごうとしたり、悪事の元は本人の性質ではなく貧困のせいだとして絹を与えたりというような、仁徳のある寛大な人柄。

# 三横

## 作品紹介

世説新語　せせつしんご　→この教科書ガイドの6頁

## 書き下し文・現代語訳

①周処年少き時、兇彊俠気にして、郷里の患ふる所と為る。②又義興の水中に蛟有り、山中に邅跡の虎有り、並びに皆百姓を暴犯す。③義興の人謂ひて三横と為す。④而して処尤も劇し。⑤或ひと処に説きて虎を殺し蛟を斬らしむ。⑥実は三横唯だ其の一を余さんことを冀ふ。⑦処即ち虎を刺殺し、又水に入りて蛟を撃つ。⑧蛟或いは浮き或いは没し、行くこと数十里、処之と倶にし、三日三夜を経たり。⑨郷里皆已に死せりと謂ひ、更相慶ぶ。⑩竟に蛟を殺して出づ。⑪里人相慶ぶを聞き、始めて人情の患ふる所と為るを知り、自ら改むるの意有り。⑫乃ち呉に入りて二陸を尋ぬ。⑬平原在らず、正に清河に見ゆ。⑭具に情を以て告げ、并せて云ふ、「自ら修改せんと欲するも年已に蹉跎す。⑮終に成す所無からん。」と。⑯清河曰はく、

---

①周処は若い頃、凶暴ではあるが男気があり、郷里の人々の悩みのたねであった。②また義興の川の中には蛟がおり、山の中にはあちこちをうろうろする虎がいて、いずれも人民に危害を加えていた。③義興の人々は（これらを）三横（三つの横暴なもの）と呼んでいた。④そして周処（の害）が最もひどかった。⑤ある人が周処を説得して虎を殺し蛟を斬らせようとした。⑥実は三横のうちただその一つが残るだけにしたいと願ったのである。⑦周処はすぐさま虎を刺し殺し、さらに川に入って蛟を襲った。⑧蛟は浮いたり沈んだりしながら、数十里を流れてゆき、周処もこれとともに（流れて）、三日三晩を過ごした。⑨郷里の人々はみな（周処が）すでに死んでしまったと思い、たがいに祝福しあった。⑩（周処は）とうとう蛟を殺して（水の中から）出てきた。⑪（しかし）郷里の人々が喜びあっているのを聞き、初めて（自分が）人から嫌われていることを知り、自分で（行いを）改めようという気持ちをもった。⑫そこで呉に行って陸氏の兄弟を訪ねた。⑬

「古人朝に聞きて夕に死するを貴ぶ。⑰況んや君の前途尚ほ可なるをや。⑱且つ人は志の立たざるを患ふ。⑲亦何ぞ令名の彰れざるを憂へんや。」と。⑳処遂に改励し、終に忠臣孝子と為る。

（『世説新語』）

## 重要語句

高 376　古 102

**或**　本文3行目の「或」は「あるヒト」と読み、「ある人」の意。文脈によって「あるモノ・あるコト」と読む場合もある。他に「あるイハ」と読み、「または・ことによると」の意もある。また5行目の「或〜或〜」は、「あるイハ〜あるイハ〜」と読み、「〜したり〜したりする」の意である。

（兄の）平原（陸機）は不在であったが、ちょうど（在宅だった）清河（陸雲）に会った。⑭詳しく事情を語り、あわせて言った、「自分で修養して行いを改めたいと望んでおりますが年齢もすでに時機を逸しております。⑮結局できないのではないかと思います。」と。⑯清河が言うことには、「古人は朝に（道を）聞いて夕べに死ぬことを貴んでいる。⑰ましてあなたの前途にはまだ可能性があるならなおさらです。⑱それに人は志が立たないことをこそ憂えるのです。⑲どうしてまた名声が世にあらわれないのを心配するでしょうか（あなたは立派に志を立てたのだから）（いや、しません）。」と。⑳周処はこうして行いを改めて励み、とうとう忠臣孝子となった。

## 発問　脚注問題　高　古

高 376ページ　古 102ページ

**1　「或説レ処殺レ虎斬レ蛟」のある人の狙いとは何か。**

周処と虎と蛟を殺し合わせることによって、三つあった横暴なものを一つに減らすこと。

**2　「郷里皆謂二已死一」とは、具体的にどう思ったのか。**

周処が、川の中を数十里も流れていく蛟を攻撃しつつ一緒に流れ、三日三晩帰らなかったので、もはや蛟に殺されるか溺れ死ぬかしたものと思った。

## 教材末の問題

高 377ページ　古 103ページ

### 学習

1　周処がなぜ心を入れ替えようとしたのか考えてみよう。

自分のことを死んだと思い込んだ郷里の人々がみな、それを互いに祝福しあい喜びあっているのを聞き、初めて自分がそれほど人々から嫌われていたと知ったから。

2　陸雲は周処にどのような助言をしたのかまとめてみよう。

・過ちを悔い改めるのに、遅すぎるということはない。古人（孔子）は、朝に道を聞けば夕べに死んでもいいと言っている。ましてあなたの前途はまだまだ長い。
・人は志の立たないのを憂えるのである。名声があらわれるかどうかなど心配せず、せっかく立てた志のままに励むべきである。

### ことばと表現

1　「竟」「終」「遂」は、いずれも「つひニ」と読む。それぞれの意味を調べてみよう。

・「竟」…結局。とうとう。あろうことか。
・「終」…結局。とうとう。ずっと。
・「遂」…そのまま。その結果。結局。

# 小説　売鬼／人面桃花／酒虫／落雷裁判

高「高等学校 古典探究」380～395ページ
古「古典探究 漢文編」106～121ページ

## ――売鬼――

### 作品紹介

**捜神記　そうじんき**　著者は干宝。二十巻。志怪小説集。神仙・方士・感応・死者の再生・魑魅・妖怪・動植物の怪異など、四百七十余の伝説や怪談を収める。

干宝（生没年未詳）は、東晋の歴史家・文人。新蔡（現在の河南省）の人。博識で文章に優れ、国史編纂の任を負って『晋紀』を著した。『捜神記』は、生き埋めにされて十数年後に生き返った父の妾と、また病気でいったん死んでから息を吹き返した兄がそれぞれ冥界での不思議な体験を語り、それに感じて著されたという。

### 書き下し文・現代語訳

①南陽の宋定伯、年少き時、夜行きて鬼に逢ふ。②之に問ふに、鬼言ふ、「我は是れ鬼なり。」と。③鬼問ふ、「汝復た誰ぞ。」と。④定伯之を誑きて言ふ、「我も亦鬼なり。」と。⑤鬼問ふ、「何れの所に至らんと欲するや。」と。⑥答へて曰はく、「宛市に至らんと欲す。」と。⑦鬼言ふ、「我も亦宛市に至らんと欲す。」と。⑧遂に行くこと数里。⑨鬼言ふ、「歩行太だ遅し。⑩共に逓ひに

①南陽の宋定伯は、若いとき、夜出かけて幽霊に出会った。②これに問いかけると、幽霊は言った、「私は幽霊である。」と。③幽霊が尋ねた、「お前こそいったい誰なのか。」と。④定伯はこれを欺いて言った、「私もまた幽霊である。」と。⑤幽霊は尋ねた、「どこへ行こうとしているのか。」と。⑥（定伯が）答えて言うことには、「宛の市場に行こうとしている。」と。⑦幽霊が言った、「私もまた宛の市場に行こうとしている。」と。⑧そのまま数里行った。

相担ふべし。⑪何如。」と。⑫定伯曰はく、「大いに善し。」と。⑬鬼便ち先づ定伯を担ふこと数里。⑭鬼言ふ、「卿太だ重し。⑮将た鬼に非ざるか。」と。⑯定伯言ふ、「我は新鬼なり。⑰故に身重きのみ。」と。⑱定伯因りて復た鬼を担ふに、鬼略重さ無し。⑲是くのごとくすること再三。⑳定伯復た言ふ、「我は新鬼なれば、何の畏忌する所有るかを知らず。」と。㉑鬼答へて言ふ、「惟だ人の唾を喜まざるのみ。」と。

㉒是に於いて共に行くに、道に水に遇ふ。㉓定伯鬼をして先づ渡らしめ、之を聴くに、了然として声音無し。㉔定伯自ら渡るに、漕漼として声を作す。㉕鬼復た言ふ、「何を以て声有るや。」と。㉖定伯曰はく、「新たに死して、水を渡るに習はざるが故のみ。㉗吾を怪しむこと勿かれ。」と。㉘行きて宛市に至らんと欲するや、定伯便ち鬼を担ひて肩上に著け、急に之を執ふ。㉙鬼大いに呼び、声咋咋然として、下さんことを索むるも復た之を聴さず。㉚径ちに宛市の中に至り、下して地に著くれば、化して一羊と為る。㉛便ち之を売る。㉜其の変化せんことを恐れ、之に唾す。㉝銭千五百を得て乃ち去る。㉞当時石崇言へる有り、「定伯鬼を売り、銭千五を得たり。」と。

（『捜神記』）

---

⑨幽霊が言った、「歩くのがたいそう遅い。⑩互いに代わる代わる相手を担ぐのがよい。⑪どうだろう。」と。⑫定伯が言うことには、「非常によい（考えだ）。」と。⑬幽霊がすぐにまず数里定伯を担いだ。⑭幽霊が言った、「きみはたいそう重い。⑮あるいは幽霊ではないのではないか。」と。⑯定伯は言った、「私は新しい幽霊である。⑰だから（まだ）体が重いというだけだ。」と。⑱定伯がそこで今度は幽霊を担ぐと、幽霊はまったく重さがなかった。⑲このように何度もした。⑳定伯が再び言った、「私は新しい幽霊なので、（幽霊として）どんな忌み嫌うものがあるかを知らない。」と。㉑幽霊が答えて言った、「ただ人間の唾を好まないだけだ。」と。

㉒そこで一緒に行くと、途中で川にぶつかった。㉓定伯は先に幽霊に渡らせて、これを聴いていると、まったく音がしない。㉔定伯が自分で渡ると、ジャブジャブと音を立てた。㉕幽霊は再び言った、「どうして音がするのか。」と。㉖定伯が言うことには、「死んだばかりで、川を渡るのに慣れていないだけだ。㉗私を怪しんではいけない。」と。㉘行って宛の市場に着きそうになると、定伯はすぐに幽霊を肩の上に担ぎ上げて、いきなりこれをしっかりと捕まえた。㉙幽霊は大声で叫び、声をぎゃあぎゃあと立てて、下ろすように求めたが、（定伯は）これ（下ろすこと）をもう許さなかった。㉚すぐに宛の市場の中に入り、（幽霊を）下ろして地面に着けると、（幽霊は）姿を変えて一匹の羊になった。㉛（定伯は）すぐにこれを売ってしまった。㉜それが（また他のものに）姿を変えるのを恐れて、これに唾をつけた。㉝千五百の銭を手に

入れて、そうして立ち去った。㉞その当時に石祟が言うことには、「定伯は幽霊を売り、銭千五百を得た。」と。

## 発問　脚注問題　高　古

**1**　「如レ是」とは、どうすることか。　高 380ページ　古 106ページ

定伯と幽霊が、代わる代わる相手を担いで歩くこと。

## 教材末の問題　高 382ページ　古 108ページ

学習

1　**本文に見られる鬼の特徴をまとめてみよう。**

・外見は普通の人間と同じように見え、会話も普通にする。
・まったく重さがない。
・まったく音を立てずに川を渡ることができる。
・人間の唾を忌み嫌い、かけられると力を失う。
・人間以外のものに姿を変えることができる。

〈ポイント〉　普通の人間と比べてどうであるか、確かめながら読もう。

2　**宋定伯の知恵が読み取れる言動を整理してみよう。**

・相手が幽霊だと聞いて、自分も幽霊のふりをして対等の立場を得た。
・幽霊らしくない点や幽霊ならできるはずのことができなかったりする点について、「新鬼であるから」という一貫した理由で説明して、幽霊を信用させた。
・途中で幽霊の弱点を聞き出しておいた。

〈ポイント〉　「鬼」は人を害するものとされている。幽霊に攻撃されず、逆に幽霊を捕まえてしまうために、どのような策を講じたのか、読み取ろう。

# ——人面桃花——

## 作品紹介

本事詩　ほんじし　著者は孟棨。一巻。七篇から成り、主として唐代詩人の作品について、その詩と詩作にいたるまでのエピソードを記す。

孟棨（生没年未詳）は、晩唐の人。

## 書き下し文・現代語訳

①博陵の崔護、姿質甚だ美なるも、孤潔にして合ふもの寡なし。②進士に挙げらるるも下第す。③清明の日、独り都城の南に遊び、居人の荘を得たり。④一畝の宮にして花木叢萃し、寂として人無きがごとし。⑤門を扣くこと之を久しくす。⑥女子有り門隙より之を窺ひ、問ひて曰はく、「誰ぞや。」と。⑦姓字を以て対へて曰はく、「春を尋ねて独り行き、酒渇して飲を求む。」と。⑧女入りて、杯水を以て至り、門を開き牀を設けて坐を命じ、独り小桃の斜柯に倚りて佇立し意属殊に厚し。⑨妖姿媚態、綽として余妍有り。⑩崔言を以て之に挑むも、対へず。⑪目注する者之を久しくす。⑫崔辞去するや、送りて門に至り、情に勝へざるがごとくして入る。⑬崔も亦睠盼して帰る。⑭嗣後絶えて

---

①博陵の崔護は、容姿・性質はたいそう優れていたが、人と交際せず高潔で世間の人々と気が合わなかった。②科挙の受験資格を得たが、試験に落第した。③清明節の日に、一人で街の南をぶらぶらし、住む人のある家を見つけた。④小さな屋敷で花の咲いている木が生い茂り、静かで人がいないようである。⑤門をしばらくの間たたいた。⑥娘がいて門の隙間からそれをのぞいて、尋ねて言うことには、「どなたですか。」と。⑦（崔護が自分の）姓と字を答えて言うことには、「春を探し求めて一人で出かけて、酒を飲んだ後、のどが渇いて飲み水がほしいのです。」と。⑧娘は中に入り、一杯の水を持ってきて、門を開き腰かけ椅子を準備して（崔護に）座るように言い、一人で小さな桃の木の斜めに伸びた枝に寄りかかってたたずみ（娘が崔護に）思いを寄せる様子はとりわけ厚いものだった。⑨なまめかしい姿と様子は、しとや

復た至らず。

⑮来歳の清明の日に及び、忽ち之を思ひ、情抑ふべからず。⑯逕ちに往きて之を尋ぬれば、門牆故のごとくなるも、已に之を鎖扃せり。⑰因りて詩を左扉に題して曰はく、

⑱去年の今日此の門の中
⑲人面桃花相映じて紅なり
⑳人面は祇だ今何れの処にか去る
㉑桃花は旧に依りて春風に笑ふと

㉒後数日、偶都城の南に至り、復た往きて之を尋ぬ。㉓其の中に哭声有るを聞き、門を扣きて之を問ふ。㉔老父有り出でて曰はく、「君は崔護に非ずや。」と。㉕曰はく、「是なり。」と。㉖又哭して曰はく、「君吾が女を殺せり。」と。㉗護驚き起ちて、答ふる所を知る莫し。㉘老父曰はく、「吾が女は笄年にして書を知り、未だ人に適かず。㉙去年より以来、常に恍惚として失ふ所有るがごとし。㉚比日之と出づ。㉛帰るに及び、左扉に字有るを見、之を読み、門に入りて病む。㉜遂に食を絶つこと数日にして死せり。㉝吾老いたり。㉞此の女の嫁がざりし所以の者は、将に君子を求めて以て吾が身を託せんとすればなり。㉟今不幸にして殞す。㊱君之を殺すに非ざるを得んや。」と。㊲又特に大いに哭す。㊳崔も亦感慟し、請ひ入りて之に哭すれば、尚ほ

---

かであふれる美しさがある。⑩崔護は声をかけて娘の気を引こうとしたが、（娘は）答えようとしない。⑪長い間（崔護に）視線を注いでいる。⑫崔護が挨拶をして去ろうとすると、送って門まで来て、思いをこらえきれない様子で（中に）入った。⑬崔護もまた、振り返って見ては帰っていった。⑭その後けっして再び訪れることはなかった。

⑮翌年の清明節の日になって、（崔護は）ふとこれを思い出し、思いを抑えることができなくなった。⑯すぐに出かけて行って、この屋敷を訪ねると、門や土塀は元のままだったが、もはやこれに門をかけて閉ざしてあった。⑰そこで詩を左の扉に書きつけて言うことには、

⑱去年の今日、この門の中では
⑲あの人の顔と桃の花が互いに映え合って紅に輝いていた
⑳あの人の顔はいったい今どこに行ってしまったのだろうか
㉑桃の花は昔のままで春の風に吹かれて咲いているのに　と。

㉒数日後、（崔護は）たまたま街の南に行くことがあり、再び（そこへ）行ってこれ（この屋敷）を訪れた。㉓その中に大声をあげて泣く声がするのを聞き、門をたたいてそのわけを尋ねた。㉔年老いた男がいて出てきて言うことには、「あなたは崔護ではないか（崔護だろう）。」と。㉕（崔護が）言うことには、「そうです。」と。㉖（男が）さらに大声をあげて泣いて言うことには、「あなたは私の娘を殺した。」と。㉗崔護は驚いて立ち上がって、答える言葉を知らなかった。㉘年老いた男が言うことには、「私の娘は十五歳で学問を身につけたが、まだ誰にも嫁いでいない。㉙去

儼然として牀に在り。㊴崔其の首を挙げ、其の股に枕せしめ、哭して祝りて曰はく、「某斯に在り、某斯に在り。」と。㊵須臾にして目を開き、半日にして復た活きたり。㊶父大いに喜び、遂に女を以て之に帰がしむ。

（『本事詩』）

年以来、いつもぼんやりとして魂が抜けてしまったようであった。㉚近頃娘とともに出かけたことがあった。㉛帰ってきたところ、（娘は、門の）左の扉に字が（書かれて）あるのを見て、これを読み、門の中に入って病気になってしまった。㉜そのまま数日の間、食を絶って死んでしまった。㉝私は年老いてしまった。㉞この娘が嫁がなかった理由は、徳が高く人格の立派な人を探して私の身を託そうとしたからである。㉟今不幸なことに死んでしまった。㊱あなたが娘を殺したのではないか。」と。㊲さらにとりわけ大きな声をあげて泣いた。㊳崔護もまた深く嘆き悲しみ、願って（中に）入ってこれ（娘）に対し声をあげて泣いたところ、（娘の遺骸は）今もなおきちんとして寝台に横たわっている。㊴崔護がその（娘の）頭を持ち上げ、自分のももを枕にさせ、声をあげて泣きながら祈って言うことには、「わたくしめはここにいる、わたくしめはここにいる。」と。㊵（すると娘は）しばらくして目を開き、半日すると再び生き返った。㊶父親はたいそう喜び、ついには娘をこれ（崔護）に嫁がせた。

## 発問　脚注問題　高　古

**1**　「孤潔寡レ合」とは、崔護のどのような人柄を表しているか。

高 383ページ　古 109ページ

ただひとり人と交際せず、行いを正しくしてけがれがなく、そのため世間の人々と気が合わないという人柄。

**2**　「以レ言挑レ之」とはどうすることか。

声をかけて娘の気を引こうとすること。

**3**　「恍惚若レ有レ所レ失」なのはなぜか。

高 385ページ　古 111ページ

崔護への思いで胸がいっぱいになり、他のことは考えられず、何も手につかないから。

## 教材末の問題　高386ページ　古112ページ

### 学習

1　第一段落から、崔護と女の互いに対する思いが読み取れる箇所を指摘してみよう。

○女から崔護への思い

・「独倚小桃斜柯佇立而意属殊厚。妖姿媚態、綽有余妍。」（高三八三・6）（古一〇九・6）

・「目注者久之。」（高三八三・7）（古一〇九・7）

・「送至門、如不勝情而入。」（高三八三・8）（古一〇九・8）

○崔護から女への思い

・「崔以言挑之」（高三八三・7）（古一〇九・7）

・「崔亦睠盼而帰。」（高三八三・8）（古一〇九・8）

2　本文中の詩について、次の(1)・(2)を考えてみよう。

(1)対比されているものは、何と何か。

・去年と今年。

・娘の顔と桃の花。

(2)崔護のどのような気持ちが表現されているか。

桃の花は、今年も去年と同じように春風に吹かれながら美しく咲いているのに、去年桃の花に照り映えて美しかったあなただけが今年はいないのが残念だ、と、桃の花になぞらえて娘の美しさを恋しく思っている気持ち。

3　女が死んだ理由と再び生き返った理由をまとめてみよう。

・死んだ理由

一年前の出会い以来、心に思い恋い慕い続けた崔護が突然訪ねてきたとき、自分は家におらず、会うことができなかった。彼に会える千載一遇のチャンスを逃してしまったことを嘆き悲しむあまり、病気になり、食事ものどを通らなくなったから。

・再び生き返った理由

崔護が、女の自分への思いを知り、女が自分に会えなかったことを嘆いて死んだと聞いて、女への思いをますます強くし、女に膝枕をして悲痛な思いで呼びかけたのが、崔護に再び会いたいと強く思いながら死んだ女の魂に響いたから。

### ことばと表現

1　次の(1)〜(3)を、三種類の「また」と読む語に注意して現代語訳してみよう。

(1)「復タ往キテ尋ヌレ之ヲ」（高三八四・8）（古一一〇・8）

再び（そこへ）行ってこれ（この屋敷）を訪れた。

(2)「又哭シテ曰ハク、『君殺セリト二吾ガ女ヲ一。』」（高三八四・10）（古一一〇・10）

さらに大声をあげて泣いて言うことには、「あなたは私の娘を殺した。」と。

(3)「崔亦モ感慟シ、請ヒ入リテ哭スレバレ之ニ、」（高三八五・4）（古一一一・4）

崔護もまた深く嘆き悲しみ、願って（中に）入ってこれ（娘）に対し声をあげて泣いたところ、

## ―酒虫―

### 作品紹介

**聊斎志異　りょうさいしい**　蒲松齢が著した短編小説集で、不思議な話を集めたもの。日本の芥川龍之介や太宰治などにも影響を与えた。書名は、「聊斎（蒲松齢）が怪異を志す」という意味。十六巻。

蒲松齢（一六四〇～一七一五）は、清代の文章家。聊斎は彼の書斎の名で、号でもある。

### 書き下し文・現代語訳

①長山の劉氏は、体肥え飲を嗜む。独酌する毎に、輒ち一甕を尽くす。②負郭の田三百畝、輒ち半ば黍を種うるも、家豪富にして、飲を以て累と為さざるなり。③一番僧之を見て、其の身に異疾有りと謂ふ。劉答へて無しと言ふ。④僧曰はく、「君飲みて嘗に酔はざるや否や。」と。⑤曰はく、「之れ有り。」と。曰はく、「此れ酒虫なり。」と。⑥劉愕然として便ち医療を求む。⑦曰はく、「易きのみ。」と。問ふ、「何の薬を需ゐる。」と。⑧倶に須ゐずと言ひ、但だ日中に於いて俯臥せしめ、手足を縶ぎ、首を去ること半尺ばかりに、良醞一器を置く。⑨時を移して燥渇し飲むを思ふこと極みを為す。⑩酒香鼻に入り、饞火上りて熾なれども、飲むを得ざるに苦しむ。⑪忽ち咽中暴かに癢き

①長山の劉氏は、体が肥えていて酒をたしなんでいた。一人で飲むそのたびごとに、一かめを飲んだ。②城壁近くの肥沃な田地三百畝を（持っていたが）、常に半分はもちきびを植えていても、家はたいへん豊かなので、飲む費用が負担にならない。③一人のチベット仏教の僧侶が劉氏と会って、その体に奇病があると言う。劉氏は答えて、ないと言う。④僧が言うことには、「あなたは酒を飲んでもいつも酔わないのではないか。」と。⑤（劉氏が）言うことには、「そうです。」と。（僧が）言うことには、「これは酒虫（のせい）だ。」と。⑥劉氏はびっくりしてすぐに治療を求めた。⑦（僧が）言うことには、「簡単なことだ。」と。（劉氏が）尋ねることには、「どのような薬が必要ですか。」と。⑧（僧は）どんな薬も必要がないと言い、ただ日なたに（劉氏を）うつぶせにさせて、手足を縛り、頭から離れること半尺ほどのところに、良質

を覚え、哇くに物の出づる有り、直ちに酒中に堕つ。⑫縛めを解きて之を視れば、赤肉にして長さ三寸ばかり、蠕動すること游魚のごとく、口眼悉く備はる。⑬劉驚き謝し、酬ゆるに金を以てするも、受けず。但だ其の虫を乞ふ。⑭問ふ、「将た何にか用ゐる。」と。曰はく、「此れ酒の精なり。甕中に水を貯へ、虫を入れて之を攪すれば、即ち佳醸を成す。」と。⑮劉之を試みしむるに、果たして然り。⑯劉是より酒を悪むこと仇のごとし。⑰体漸く痩せ、家も亦日に貧し。後飲食給する能はざるに至る。

⑱異史氏曰はく、「日に一石を尽くすも、其の富を損ずる無く、一斗を飲まざるも、適に以て貧しきを益す。⑲豈に飲啄固より数有りや。⑳或ひと言ふ、『虫は是れ劉の福にして、劉の病に非ず。僧之を愚として以て其の術を成す』と。㉑然るや否や。」と。

（『聊斎志異』）

---

の酒一杯を置いた。⑨時がたってのどが渇き酒を飲みたいという気持ちが極まった。⑩酒の香りが鼻に入り、酒を飲みたいという火のような欲望が燃え上がっても、飲むことができずに苦しんだ。⑪突然のどの中に急にかゆみを感じ、吐くと物が出てきて、すぐに酒の中に落ちた。⑫縛っていたのを解いてこれを見ると、（それは）赤い肉で長さ三寸ほどで、くねくねと動くことが泳ぐ魚のような（もので）、口や眼がすべてついている。⑬劉氏は驚き（僧に）感謝し、報酬として金を渡そうとするも、（僧は）受け取らない。ただこの虫を欲した。⑭（劉氏が）尋ねることには、「いったい何に使うのですか。」と。（僧が）言うことには、「これは酒の精である。かめの中に水をはって、虫を入れてかき回すと、たちまち上質の酒ができる。」と。⑮劉氏はこのことを試させると、果たしてその通りである。⑯劉氏はこの時から仇のように酒を憎むようになった。⑰体はだんだん痩せ、家もまた日に日に貧しくなる。後に飲食するのにも不足するまでになった。

⑱異史氏の言うことには、「一日に一石の酒を飲んでも、その富を損なうことがなかったのに、一斗も飲まなくても、かえって貧しさを増す。⑲何か飲食にはもともと運命があるのだろうか。⑳ある人が言うことには、『虫は劉氏の福であり、劉氏の病ではない。僧は劉氏を愚かだと思って彼の術を用いた』と。㉑そうだろうか、そうではないだろうか。」と。

## 重要語句

高 387 古 113

毎　「〜（スル）ごとニ」と読み、「〜（する）たびに」の意。

## 発問　脚注問題　高 古

高 387ページ 古 113ページ

**1 「之」とは何を指すか。**

劉氏。

〈ポイント〉この「之」は人称代名詞。「愚レ之」（高三八九・3）（古一一五・3）の「之」も劉氏を指す。

**2 劉氏が「愕然」としたのはなぜか。**

自分では病気とは思っていなかったのに、番僧に、体内に酒虫がいるという奇病だと言われたから。

〈ポイント〉酒をいくら飲んでも酔わない原因は聞き慣れない「酒虫」のせいだと言われ、劉氏は大変驚いたのである。

## 教材末の問題　高 389ページ 古 115ページ

### 学習

**1 酒虫が体内にいる時と、番僧の治療後とで、劉氏の外形や生活状況はどのように変わったか。まとめてみよう。**

・酒虫が体内にいる時…酒飲みで太っており、家は豊かであった。
・番僧の治療後…酒が嫌いになり体は痩せ、その日の飲食も不足するほど貧しくなった。

### 言語活動

**1 酒虫が体内にいたことは、劉氏にとって禍福のどちらであったと考えられるか。理由を明確にして話し合ってみよう。**

〈ポイント〉話し合いの材料として、参考までに芥川龍之介の翻訳小説『酒虫』の一節を挙げる。芥川はこの『酒虫』で結末を以下のように締めくくっている。

「第一の答。酒虫は、劉の福であって、劉の病ではない。偶（たまたま）、暗愚の蛮僧に遇（あ）ったために、好んで、この天与の福を失うような事になったのである。」

「第二の答。酒虫は、劉の病であって、劉の福ではない。（中略）もし酒虫を除かなかったなら、（大飲のため）劉は必ず久しからずして、死んだのに相違ない。」

「第三の答。酒虫は、劉の病でもなければ、劉の福でもない。（中略）劉の一生から酒を除けば、後には、何も残らない。（中略）だから、劉が酒虫を去ったのは自ら己を殺したも同然である。」

# ――落雷裁判――

## 作品紹介

**閲微草堂筆記** えつびそうどうひっき　紀昀が著した志怪小説集。二十四巻。約十年にわたる著作五種を後に合わせたもの。作者が自らの見聞に基づいて不思議な現象や奇怪な話などを集めている。

紀昀（一七二四〜一八〇五）は、清の学者。「閲微草堂」は彼の書斎の名。

## 書き下し文・現代語訳

①雍正壬子六月、夜大いに雷雨す。②献県の城西に村民の雷に撃たるる有り。③県令の明公晟往きて験し、棺斂を飭す。④半月余を越え、忽ち一人を拘ふ。⑤之に訊きて曰はく、「爾火薬を買ふは何為れぞ。」と。⑥曰はく、「以て鳥を取る。」と。⑦詰ひて曰はく、「銃を以て雀を撃つは、少なければ数銭を過ぎず、多くとも両ばかりに至らば、一日の用に足らん。⑧爾二三十斤を買ふは何ぞや。」と。⑨曰はく、「多日の用に備ふ。」と。⑩又詰ひて曰はく、「爾薬を買ひて未だ一月に満たず。⑪用ゐる所を計れば一二斤を過ぎず。⑫其の余は今何れの処にか貯ふる。」と。⑬其の人詞窮す。⑭刑して之を鞫むれば、果たして姦に因りて謀殺するの状を得たり。⑮婦と並びに法に伏す。

---

①（清の）雍正十年六月、（ある）夜激しい雷雨があった。②献県の街の西（にある村）で村民で雷にうたれ（て亡くなっ）た人がいた。③県令（県の知事）の明公晟が行って事情を調べ、納棺させた。④（それから）半月余りがたってから、突然一人の人を捕らえた。⑤この人を問いただして言うことには、「お前が火薬を買ったのはどうしてか。」と。⑥（答えて）言うことには、「それを使って鳥を捕るためです。」と。⑦（県令が）問い詰めて言うことには、「銃で雀を撃つくらいなら、少なければ数銭以下で足りるし、多くても一両（十銭）ほどもあれば、一日使う分には十分だろう。⑧お前が二、三十斤も買ったのはどうしてか。」と。⑨（答えて）言うことには、「何日も使う分として備蓄したのです。」と。⑩また（県令が）問い詰めて言うことには、「お前は火薬を買ってからまだ一ヶ月にもならない。⑪使った分を推察すると一、

⑯或ひと問ふ、「何を以て此の人たるを知る。」と。⑰曰はく、「火薬は数十斤に非ざれば偽りて雷を為す能はず。⑱薬を合はするに必ず硫黄を以てす。⑲今方に盛夏にして、年節爆竹を放つの時に非ず。⑳硫黄を買ふ者数ふべし。㉑吾陰かに人をして市に至り硫黄を買ふ者誰か多きを察せしむ。㉒皆曰はく、『某匠なり。』と。㉓又陰かに某匠の薬を何人に売るかを察せしむるに、皆曰はく、『某人なり。』と。㉔是を以て之を知る。」と。㉕又問ふ、「何を以て雷の偽作たるを知る。」と。㉖曰はく、「雷の人を撃つは上よりして下り、地を裂かず。㉗其の或いは屋を毀つも、亦上よりして下る。㉘今苫草・屋梁皆飛起す。㉙土炕の面も亦掲去す。㉚火の下より起こるを知る。㉛又此の地城を去ること五六里、雷電相同じ。㉜是の夜の雷電迅烈なりと雖も、然るに皆雲中に盤繞し、下りて撃つの状無し。㉝是を以て之を知る。㉞爾の時其の婦先に帰寧すれば、以て研問し難し。㉟故に必ず先づ是の人を得て、而る後に婦鞫むべし。」と。㊱此の令明察と謂ふべし。

（『閲微草堂筆記』）

---

二斤に過ぎないはずだ。⑫その残りは今どこに蓄えてあるのか。」と。⑬その人は返事に詰まった。⑭男を捕らえてきびしく取り調べると、はたして（死んだ者の妻と）不義を行っていたために（その夫を）計画的に殺したという自白を得た。⑮（男は）女とともに法律に従った。

⑯ある人が（県令に）尋ねた、「（あなたは）どうやって（犯人は）この人であるとわかったのですか。」と。⑰（県令が答えて）言うことには、「火薬は数十斤（の量）はなければ偽って雷を作る（雷のように爆発させる）ことはできない。⑱火薬を調合するのには必ず硫黄を用いる。⑲今ちょうど夏の盛りで、年末年始の時期の爆竹を放つ時ではない。⑳硫黄を買う者は数えることができる（ほど少ない）。㉑私は密かに人を市場に行かせ誰が多くの硫黄を買ったかを調べさせた。㉒皆が言うことには、『誰それという火薬職人です。』と。㉓さらに密かにその火薬職人が火薬を誰に売ったかを調べさせると、皆が言うことには、『誰それという人です。』と。㉔こういうわけでこれ（その男が犯人であるということ）がわかったのだ。」と。㉕さらに（ある人が）尋ねた、「どうやって（あの夜の）雷がこしらえごとだとわかったのですか。」と。㉖（県令が再び答えて）言うことには、「雷が人をうつときは上から（下へ）落ち、地面を傷めることはない。㉗それがあるいは家を壊すときでも、また上から（下へ）落ちる。㉘今回屋根をふく草と屋根そのものがみな（下から上へ）吹き飛んだ。㉙床下暖房設備の表面もまたはぎとられている。㉚（これらから）火が下から起こったことがわかった。㉛さらにその場所は街から離

れることが五、六里で、雷電（の様子）は双方とも同じようである（はずだ）。㉜（しかし）この夜の雷電は速く激しいとはいっても、みな雲の中をぐるぐる回るだけで、落雷して（何かを）うつ様子はなかった。㉝こういうわけでこれを知ったのである。㉞その時その（死んだ男の）妻は（捕らえようとするより）先に実家に里帰りしていたので、詳しく取り調べることは困難であった。㉟だから確実にまずこの人（犯人）を捕らえて、そうして後に妻をきびしく取り調べることにしたのだ。」と。㊱この県令ははっきりと事情を見通したのだと言うべきである。

## 重要語句　高　古

390　116

**爾**　「なんぢ」と読み、「お前」の意。「汝」に同じ。「なんぢ」と読む語には他に、「而」「女」「若」などがある。また「爾」は多義語で、他に「そノ・それ・これ・しかリ・しか・のみ・ちかシ」などの読みがある。「爾（時）」（高三九一・10）（古一一七・10）は「そノ（とき）」と読み、「その」の意である。

391　117

**或**　「あるイハ」と読み、「または・ことによると」の意。

## 発問　脚注問題　高　古

高 390ページ　古 116ページ

**1**　**「其人詞窮」となったのはなぜか。**

県令に、火薬を買った理由を、鳥を捕るためと答えたところ、それに通常要する火薬の量と自分が買った大量の火薬の量との矛盾を突かれ、余っているはずの火薬の貯蔵場所を問われたが、実際は偽の雷を作るために使ってしまって既になかったから。

**2**　高 391ページ　古 117ページ
**「某匠」と「某人」はそれぞれ誰を指すか。**

・「某匠」…最近市場で硫黄をたくさん買い、大量の火薬を作った火薬職人。
・「某人」…「某匠」から大量の火薬を買い、雷を偽装して不倫相手の夫を殺した犯人。

**3**　**「之」はどのようなことを指しているか。**

死んだ男は、天から落ちてきた本当の雷にうたれたのではなく、地上で人為的に作られた爆発によって死んだのだということ。

## 教材末の問題　[高]392ページ　[古]118ページ

### 学習

1　県令がどのようにして男を追及したのか、まとめてみよう。

・まず買った火薬の使途を問う。
・鳥を捕るためという男の答えに対して、買った量が多すぎる理由を問う。
・何日も使うための予備だという男の答えに対して、未使用の残りはどこにあるのかと問う。

2　県令がどのようにして犯人をつきとめたのか考えてみよう。

まず、雷の偽物を作るのに必要な火薬の量を数十斤と想定し、今は盛夏で火薬を多く用いる時期でないことに着目して、火薬の調合に必要な硫黄を大量に仕入れた者を特定し、その者（火薬職人）が火薬を売った相手が犯人であるとつきとめた。

〈ポイント〉「或問、『何ヲ以テ知レ為ニ此人一。』」（[高]三九一・1）（[古]一一七・1）に対して県令が答えている内容をつかむ。

3　県令が事件を雷撃でなく火薬による爆発だと見破った根拠は何か考えてみよう。

・本当の雷なら、人に当たる場合上から落ちて地面までは影響せず、家に当たっても屋根を上から壊すはずなのに、この事件では、屋根そのものが下から吹き飛び、土の寝台の表面もはぎとられていて、火が下から起こったと推察されたこと。
・現場と街とは五、六里しか離れておらず、当日の夜の雷の様子は同じであったと思われ、街で見たところ確かに雷電は速く激しかったが、みな雲の中を回るばかりで落ちる様子はなかったということ。

### ことばと表現

1　本文に用いられている疑問の句法を抜き出し、それぞれの読みと意味を確認しよう。

・「〜ハ何為レゾ」（[高]三九〇・3）（[古]一一六・3）
読み…「〜ハなんすレゾ」
意味…「〜はどうしてか・なぜか」

・「〜ハ何ゾ也」（[高]三九〇・5）（[古]一一六・5）
読み…「〜ハなんゾや」
意味…「〜はどうしてか・なぜか」

・「何レノ処ニカ」（[高]三九〇・7）（[古]一一六・7）
読み…「いづレノところニカ〜（連体形）」
意味…「どこに〜か」

・「何ヲ以テ〜」（[高]三九一・1／5）（[古]一一七・1／5）
読み…「なにヲもつテ〜」
意味…「どうやって〜か」

・「誰カ〜」（[高]三九一・4）（[古]一一七・4）
読み…「たれカ〜（連体形）」
意味…「誰が〜か」

・「何人ニ」（[高]三九一・5）（[古]一一七・5）
読み…「なんぴとニ〜」
意味…「誰に〜か」

# 史伝　伯夷・叔斉／廉頗・藺相如／荊軻

高「高等学校　古典探究」396～417ページ
古「古典探究　漢文編」122～143ページ

## ――伯夷・叔斉　首陽山に餓死す――

### 作品紹介

史記　しき　→この教科書ガイドの37頁

### 書き下し文・現代語訳

①伯夷・叔斉は、孤竹君の二子なり。②父叔斉を立てんと欲す。③父卒するに及び、叔斉伯夷に譲らんとす。④伯夷曰はく、「父の命なり。」と。⑤遂に逃れ去る。⑥叔斉も亦立つを肯ぜずして之を逃る。⑦国人其の中子を立つ。⑧是に於いて伯夷・叔斉西伯昌の善く老を養ふを聞き、盍ぞ往きて帰せざると。⑨西伯卒するに及び、武王木主を載せ、号して文王と為し、東のかた紂を伐つ。⑩伯夷・叔斉馬を叩へて諫めて曰はく、「父死して葬らず、爰に干戈に及ぶ、孝と謂ふべけんや。⑪臣を以て君を弑す、仁と謂ふべけんや。」と。⑫左右之を兵せんと欲す。

---

①伯夷と叔斉は、（殷代の）孤竹国の君主の二人の息子である。②父は（弟の）叔斉を（後継ぎとして）即位させようとしていた。③父が亡くなると、叔斉は（兄の）伯夷に（君主の位を）譲ろうとした。④伯夷が言うことには、「父の命令である。」と。⑤とうとう（位につくことを避けて）逃れ去ってしまった。⑥叔斉もまた即位するのを承知せず国を逃れた。⑦孤竹国の人々はその間の子（二人の間の次男）を即位させた。⑧そこで伯夷と叔斉は西伯昌（周の文王）が年老いて引退した者の面倒をよくみると聞き、行って身を寄せようと考えた。⑨西伯が死んだときに（ちょうど）行き着くと、（西伯の子の）武王が位牌を（車に）載せて、文王と名づけて、東方の（殷の）紂王を攻撃しようとした。⑩伯夷と叔斉は（武王の）馬が

⑬太公曰はく、「此れ義人なり。」と。⑭扶けて之を去らしむ。⑮武王已に殷の乱を平らげ、天下周を宗とするも伯夷・叔斉之を恥ぢ、義として周の粟を食らはず。⑯首陽山に隠れ、薇を采りて之を食らふ。⑰餓ゑて且に死せんとするに及び、歌を作る。
⑱其の辞に曰はく、

⑲彼の西山に登り　其の薇を采る
⑳暴を以て暴に易へ　其の非を知らず
㉑神農・虞・夏忽焉として没す　我安くにか適帰せん
㉒于嗟徂かん　命の衰へたるかなと

㉓遂に首陽山に餓死す。㉔此に由りて之を観れば、怨みたるか非ざるか。

（『史記』伯夷列伝）

---

進むのを引き止めて（武王に）忠告して言うことには、「父王が亡くなって葬儀もせず、そんなときに戦争を始めようとなさるのは、孝と言うことができるでしょうか（いや、できません）。⑪臣下でありながら主君を殺すのは、仁と言うことができるでしょうか（いや、できません）。」と。⑫（武王の）側近の者たちがこれ（伯夷と叔斉）を武器を用いて殺そうとした。⑬太公（呂尚）が言うことには、「これらの者は人としておこなうべき正しい道を守る人物である。」と。⑭（そして）手助けしてこれ（二人）を去らせた。

⑮武王はすでに殷の戦乱を平定してしまい、天下の人々は周を王として仰いだが伯夷と叔斉はこのことを恥として、正しい道として（周に仕えることによって）支給される穀物を食べなかった（周に仕えなかった）。⑯首陽山に隠れ住んで、カラスノエンドウを採ってこれを食べた。⑰飢えて今にも死のうとするときになって、歌を作った。⑱その言葉に言うことには、

⑲あの西山（首陽山）に登り　そのカラスノエンドウを採（って暮らしてい）る
⑳（武王は）暴力でもって（紂王の）暴力に取って代わり　それがいけないことだと理解しない
㉑（古代の伝説上の聖人である）神農氏・帝舜・夏の禹王はにわかに死んでしまい　私はどこに身を落ち着けようか
㉒ああ死のう（自分たちの）命運は尽きてしまったことだと

㉓そのまま首陽山で餓え死にしてしまった。㉔このことから伯夷と叔斉のことを考えてみると、（彼らは世の中を）怨んだだろうか、それとも怨まなかっただろうか。

## 重要語句

高 396　古 122

肯　「がへんズ」と読み、「承知する」の意。

盍　「なんゾ～ざル」と読む再読文字で、「どうして～しないのか」の意。文脈に応じて、「～してはどうか・～すればいいのに・～してみなさい」などのニュアンスをもつ。

## 発問　脚注問題　高 古

**1** 高 396ページ 古 122ページ

**伯夷・叔斉は、それぞれなぜ「逃」れたのか。**

伯夷は父の死後、弟の叔斉を君主の位の後継ぎにするという父の命令を尊重したいと考えたから。

叔斉は、父の命令に従い自分が王位につくよりも、長男である兄に位を譲りたいと考えたから。

**2** 高 397ページ 古 123ページ

**なぜ「恥」としたのか。**

周の武王が、父文王の喪が明けていないのに戦争を始めるという不孝をし、しかも臣下でありながら主君の紂王を殺すという、人として行うべき道に背く行いをしたから。

**3** **それぞれの「暴」は、具体的に何を指すか。**

初めの「暴」は、武王が武力で主君である紂王を倒したという暴虐を指す。

後の「暴」は、人民を苦しめていた紂王の暴虐な政治を指す。

## 教材末の問題

高 398ページ 古 124ページ

学習

1 **伯夷・叔斉の作った歌には、自分たちの運命に対するどのような気持ちが込められているのか。考えてみよう。**

いかに相手が暴虐の王であろうと、臣下の身で、しかも暴力でそれを倒すというのは人の道に反する。そのようなことが正当化されるこの世の中では、自分たちの落ち着ける場所も頼れるところもなく、もはや山中で餓死するしかない。これは、天が自分たちに与える運命が尽きたということだ、と嘆き悲しむ気持ち。

2 **夏から殷、殷から周という王朝交代の経緯を調べてみよう。**

夏王朝の十七代目の王である桀王(けつおう)は、たいへんな暴君であったために、湯王(とうおう)に滅ぼされ、殷王朝が始まった。五百五十年ほど続いた殷王朝も、紂王のとき、ぜいたくを極め暴虐非道な政治を行ったため、武王に滅ぼされ、周王朝が始まった。

〈ポイント〉 このように、武力で王朝を征伐して政権を奪う革命を「放伐」という。これに対し、詩中の「神農・虞・夏」は、理想の政権交代とされる禅譲(ぜんじょう)（天子が平和的にその位を有徳者に譲ること）のうちに国が譲られた時代であった。伯夷と叔斉は、武力革命を否定する立場に立ち、禅譲の美風が失われたことを嘆いているのである。

# 伯夷・叔斉　天道是か非か

## 書き下し文・現代語訳

①或いは曰はく、「天道は親無し。②常に善人に与す。」と。③伯夷・叔斉のごときは、善人と謂ふべき者か非ざるか。④仁を積み行ひを絜くすること此くのごとくにして餓死す。⑤且つ七十子の徒、仲尼独り顔淵をのみ薦めて学を好むと為す。⑥然れども回や屢空しく、糟糠にも厭かずして卒に蚤く夭せり。⑦天の善人に報施する、其れ何如ぞや。⑧盗蹠は日に不辜を殺し、人の肉を肝し、暴戻恣睢、党を聚むること数千人にして天下に横行するも、竟に寿を以て終はる。⑨是れ何の徳に遵へるや。⑩此れ其の尤も大いに彰明較著なる者なり。⑪近世に至るがごとき、操行軌ならず、専ら忌諱を犯すも終身逸楽し、富厚累世にして絶えず。⑫或いは地を択びて之を踏み、時にして然る後に言を出だし、行くに径に由らず、公正に非ずんば憤りを発せざるも禍災に遇ふ者、勝げて数ふべからざるなり。⑬余甚だ惑ふ。⑭儻いは所謂天道是か非かと。

（『史記』伯夷列伝）

---

①ある人が言うことには、「天道（天地自然の道理）はえこひいきしない。②いつも善人に味方する。」と。③伯夷と叔斉のような人たちは、善人と言ってよいだろうか、よくないだろうか。④慈愛を積みおこないを潔白にすることがこのようであって餓死した。⑤さらに七十人の弟子のうち、孔子はただ一人顔淵のみを推挙して学問を好む人物とした。⑥しかし顔淵はたびたび困窮し、貧しい食事も満足に取れないでとうとう若くして死んでしまった。⑦天は善人に対して福を報い施すというのに、これはどうであろうか。⑧（中国古代の大盗賊である）盗蹠は毎日罪のない人を殺し、人の肉を細く切って食べ、暴逆で勝手気ままなふるまいをして、子分を数千人も集めて天下に好き放題をして回ったが、最後は天寿を全うした。⑨これは何の徳によったのか。⑩これらはその（善人が報われず悪人が罪を受けない）ことを示すのには最もたいそう明らかであるものだ。⑪近い時代といえば、おこないが道義から外れて、ひたすら国の禁令を犯すのだが一生気ままに遊び楽しみ、富んで豊かで何代も続いて絶えることがない（者がいる）。⑫また一方では安全な場所を選んで足を踏み入れ、時機をわきまえて発言し、正道を歩み、公正でなければ憤りを表すようなことをしないのに災禍を受ける者は、数えきれない。⑬私は非

## 重要語句

398 高
124 古

**卒**　「つひニ」と読み、「とうとう・最後に」の意。「卒」には他に、「しゆつス・をハル・をフ」などと読んで「死ぬ・終わる・終える」の意、「そつ」と読んで「兵士」の意、などがある。

常に迷う。⑭もしかして世にいう天道は正しいのだろうか、誤っているのだろうか。

## 教材末の問題　高 399ページ　古 125ページ

学習

**1　司馬遷は顔淵と盗蹠を何の例としてあげているのか。説明してみよう。**

善人なのに不幸な例、悪人なのに幸せな例の最たるものとしてあげている。

〈ポイント〉　顔淵は孔子が最も推賞した学問を好む人物だったのに、貧乏で早世した。盗蹠は極悪人なのに、長寿を全うした。

**2　「天道是邪非邪」（高 三九九・6）（古 一二五・6）には、司馬遷のどのような気持ちが込められているのか。考えてみよう。**

よいおこないをすれば福を得、悪いおこないをすればわざわいを得るのが天の道理のはずである。しかし、歴史上の例でも現実でも、その天道が正しくなされているとはとても思えない。この天道の矛盾はどういうことか、はたして天が必ず正しいとは限らないのか、と天を疑い嘆く気持ち。

〈ポイント〉　司馬遷は、正当な主張をして漢の武帝の怒りを受け、宮刑（腐刑）という最も屈辱的な刑に処された。その恥辱に耐えて発奮し執筆されたのが『史記』である。この言葉には、天道を疑う悲憤が込められているのである。

## ――廉頗・藺相如 璧を趙に帰さしむ――

**書き下し文・現代語訳**

①秦王章台に坐して相如を見る。相如璧を奉じて秦王に奏む。②秦王大いに喜び、伝へて以て美人及び左右に示す。左右皆万歳と呼ぶ。③相如秦王の趙に城を償ふに意無きを視、乃ち前みて曰はく、「璧に瑕有り。請ふ王に指示せん。」と。王璧を授く。④相如因りて璧を持ち、卻立して柱に倚り、怒髪上りて冠を衝く。⑤秦王に謂ひて曰はく、「大王璧を得んと欲し、人をして書を発して趙王に至らしむ。⑥趙王悉く群臣を召して議す。⑦皆曰はく、『秦は貪にして其の彊きを負み、空言を以て璧を求む。償城恐らくは得べからざらん。』と。⑧議秦に璧を予ふるを欲せず。⑨臣以為へらく布衣の交はりすら尚ほ相欺かず。況んや大国をや。⑩且つ一璧の故を以て彊秦の驩に逆らふは、不可なりと。⑪是に於いて趙王乃ち斎戒すること五日、臣をして璧を奉ぜしめ書を庭に拝送す。⑫何者となれば、大国の威を厳れて以て敬を修むればなり。⑬今臣至れば、大王臣を列観に見、礼節甚だ倨る。⑭璧を得るや、之を美人に伝へ、以て臣を戯弄す。⑮臣大王の趙王に城邑を償ふに意無きを観、故に臣復た璧を取

---

①秦王は章台に会見の席を設置して相如に会った。相如は璧をささげ持って秦王に進呈した。②秦王は大いに喜び、これを回して、仕えている侍女や側に控えている家臣に見せる。家臣たちはみな万歳と言う。③相如は秦王が趙王に都市をうめあわせに与えるつもりがないことを見て取り、そこで進み出て言うことには、「璧に傷があります。どうか（私に）王に指し示させてください。」と。王は（相如に）璧を与えた。④相如はそこで璧を持ち、退きながら立って柱に寄りかかると、怒りで髪が立ち上がって冠を突きやぶった。⑤（相如が）秦王に言うことには、「大王は璧を手に入れたいと思い、人を遣わして書状を送り趙王まで届けさせました。⑥趙王はすべての群臣をお召しになって議論しました。⑦みなが言うことには、『秦は貪欲で自らの強さを頼みにして、嘘をついて璧を求めるのです。かわりに与えられる都市はたぶん得られないでしょう。』と。⑧会議の結論は秦に璧を与えたくないということになりました。⑨私が思いますに、庶民の交際ですら互いを欺きません。まして大国はなおさらです。⑩その上に一つの璧を理由として強国である秦の友好に逆らうことは、できないことです。⑪そこで趙王は斎戒することが五日になり、私に璧を捧げ持たせ、書状を（趙王の）宮廷で礼儀をもって発送しまし

る。⑯大王必ず臣を急にせんと欲せば、臣の頭、今璧と倶に柱に砕けん。」と。⑰相如其の璧を持ち、柱を睨み、以て柱に撃たんと欲す。

⑱秦王其の璧を破らんことを恐れ、乃ち辞謝して固く請ふ。⑲有司を召して図を案じ、指さして此より以往十五都を趙に予へんといふ。⑳相如秦王特だ詐詳を以て趙に城を予ふるを為し、実は得べからざらんと度り、乃ち秦王に謂ひて曰はく、㉑「和氏の璧は、天下の共に伝ふる所の宝なり。㉒趙王恐れ、敢へて献ぜずんばあらず。㉓趙王璧を送る時、斎戒すること五日なり。㉔今大王も亦宜しく斎戒すること五日、九賓を廷に設くべし。㉕臣乃ち敢へて璧を上らん。」と。㉖秦王之を度るに、終に彊ひて奪ふべからず。㉗遂に許し、斎すること五日、相如を広成伝に舎せしむ。㉘相如秦王斎すと雖も、決ず約に負き城を償はざらんと度り、乃ち其の従者をして褐を衣、其の璧を懐き、径道より亡げて、璧を趙に帰さしむ。（『史記』廉頗藺相如列伝）

---

た。⑫なぜかといいますと、大国の権威を恐れて敬意を表したからです。⑬今私が到着すると、大王は私を（正式な宮殿ではなく）通常の建物の中で引見され、その礼節はとても傲慢です。⑭璧を手にしたとたん、それを侍女に渡し、私を慰みものになさいました。⑮私は大王が趙王に都市を与える意志がないことを見て取り、そのために私はふたたび璧を手に取ったのです。⑯大王がもし私に無理にせまろうとなさるならば、私の頭は、今すぐ璧と一緒に柱に（打ちつけて）砕けるでしょう。」と。⑰相如はこの璧を持ち、柱を睨み、璧を柱に打ちつけようとした。

⑱秦王はその璧が壊れるようなことを恐れて、そこで謝罪の言葉を述べて（璧を壊さないように）強く要請した。⑲官吏を召して地図を見て考え、指さしてここから先の十五都市を趙に与えようと言った。⑳相如は秦王がただ偽りによって趙に都市を与えるふりをするだけで、実際のところは（都市を）得ることができないだろうと考えて、そこで秦王に言うことには、㉑「和氏の璧は、天下の誰もが知る宝です。㉒趙王は（秦を）恐れて、献上しないわけにはいきませんでした。㉓趙王は璧を送りだす時、斎戒することが五日でした。㉔今大王もまた斎戒することを五日として、九人の接待役による国賓引見の最高儀礼を朝廷で行うべきです。㉕私はそこではじめて璧を献上しましょう。」と。㉖秦王はこの申し出を考えたが、最終的に強制して奪うことはできないという考えに至った。㉗とうとう（相如の申し出を）許可し、五日斎戒して、相如を広成伝に宿泊させた。㉘相如は秦王が斎戒するといっても、必ず約束に背いてうめあわせの都市を与えないだろうと

## 重要語句　高　古

403　129　**何者**　「なんトナレバ」と読んで、「なぜかというと」という意味。理由を表す。

404　130　**于**　対象・場所・比較・受身などを表す置き字。ここでは場所を表す。

## 発問　脚注問題　高　古

**1**　高 403ページ　古 129ページ

**「空言」とは、具体的にどのようなことを指すか。**

璧と交換に与えると約束した都市を、実際には与えるつもりがないこと。

考え、そこで従者に粗末な衣服を着せ、璧を懐に持たせ、間道から逃げさせて、璧を趙に戻させた。

## 教材末の問題　高 405ページ　古 131ページ

### 学習

**1　藺相如が秦に着いたとき、秦王はどのような応対をしたか。説明してみよう。**

正式に儀式に用いる宮殿ではなく、通常の建物である章台で相如と面会した。

〈ポイント〉　相如は正式な使節なのに、「大王見㆔臣ヲ列観ニ㆒、……以テ戯㆓弄ス臣ヲ㆒」という待遇だったのである。

**2　それに対し藺相如はどのような行動で対抗しようとしたか。説明してみよう。**

璧に傷があり、それを自分から秦王に見せようと言って璧をもう一度手に入れた。そして璧を柱にぶつけて壊そうとしたところで、正式な儀式を行うことと、十五の都市をかわりに与える約束を守ることを秦王に要請して、それが果たされた後に璧を返すと言った。しかし、それさえも守られないことを想定して、密かに璧を趙へ戻した。

**3　この逸話に由来する「完璧」という成語は、現在どのような意味で使われているか。調べてみよう。**

欠点がまったくないこと。

## ――廉頗・藺相如　刎頸の交はり――

### 書き下し文・現代語訳

①既に罷めて国に帰る。②相如の功の大なるを以て、拝して上卿と為す。③位は廉頗の右に在り。④廉頗曰はく、「我趙の将と為り、攻城野戦の大功有り。⑤而るに藺相如は徒だ口舌を以て労を為し、而も位我が上に居り。⑥且つ相如は素賤人なり。⑦吾羞ぢて、之が下たるに忍びず。」と。⑧宣言して曰はく、「我相如を見ば必ず之を辱めん。」と。⑨相如聞き、与に会することを肯ぜず。⑩相如朝する時毎に、常に病と称して、廉頗と列を争ふことを欲せず。⑪已にして相如出でて、廉頗を望見す。⑫相如車を引きて避け匿る。

⑬是に於いて舎人相与に諫めて曰はく、「臣の親戚を去りて君に事ふる所以の者は、徒だ君の高義を慕へばなり。⑭今君廉頗と列を同じくす。⑮廉君悪言を宣ぶるに、君畏れて之に匿る。⑯恐懼すること殊に甚だし。⑰且つ庸人すら尚ほ之を羞づ。⑱況んや将相に於いてをや。⑲臣等不肖なり。⑳請ふ辞去せん。」と。㉑藺相如固く之を止めて曰はく、「公の廉将軍を視ること、秦王に孰与れぞ。」と。㉒曰はく、「若かざるなり。」と。㉓相如

---

①（藺相如は）会合を終えて（趙の）国に帰った。②（趙王は）相如の功績が大きかったので、任命して最上位の大臣とした。③その位は、廉頗の右（上位）であった。④廉頗が言うことには、「私は趙の将軍となって、都市を攻め野で戦って大きな功績がある。⑤ところが、藺相如はただ口先だけで手柄を立て、それなのに位は私より上にいる。⑥そのうえ相如はもともと身分の卑しい者である。⑦私は恥ずかしくて、これの下位にいるのは耐えられない。」と。⑧（そして）言いふらして言うことには、「私は相如を見かけたら、必ずこれを侮辱してやる。」と。⑨相如は（これを）聞いて、（廉頗と）会うようなことを承知しなかった（顔を合わせないようにした）。⑩相如は朝廷に行くべき時には毎回、いつも病気だといって（行かず）、廉頗と序列を競わないようにした。⑪やがて（あるとき）相如は外出して、廉頗をはるか遠くから見かけた。⑫（すると）相如は車を引き返し（廉頗を）避けて隠れた。

⑬そこで（藺相如の）使用人たちがともに忠告して言うことには、「私たちが身内の者から離れて殿様にお仕えしているわけは、ただ殿様の高い徳義をお慕いしているからです。⑭今殿様は廉頗将軍と序列が同じでいらっしゃいます。⑮廉頗様は（殿様の）悪

曰はく、「夫れ秦王の威を以てするも、相如之を廷叱し、其の群臣を辱む。㉔相如駑なりと雖も、独り廉将軍を畏れんや。㉕顧だ吾之を念ふに、彊秦の敢へて兵を趙に加へざる所以の者は、徒だ吾が両人の在るを以てなり。㉖今両虎共に闘はば、其の勢ひ倶には生きず。㉗吾の此を為す所以の者は、国家の急を先にして私讎を後にするを以てなり。」と。

㉘廉頗之を聞き、肉袒して荊を負ひ、賓客に因りて、藺相如の門に至る。㉙罪を謝して曰はく、「鄙賤の人、将軍の寛なることの此に至るを知らざるなり。」と。㉚卒に相与に驩びて、刎頸の交はりを為す。

（『史記』廉頗藺相如列伝）

---

口を言っているのに、殿様は恐れて彼から隠れておられます。⑯恐れおどおどすることが特に度を超えています。⑰凡庸な人でさえこのようなことは恥ずかしく思うことです。⑱まして将軍・大臣はなおさらです。⑲私たちは愚か者です（殿様の真意がわかりません）。⑳どうか辞めさせてください。」と。㉑藺相如が固くこれを引き止めて言うことには、「あなたたちは廉将軍を見ることは、秦王と比べてどうか（どちらが優れていると思うか）。」と。㉒（使用人たちが）言うことには、「（廉将軍は秦王には）及びません。」と。㉓相如が言うことには、「そもそも秦王の威信に対しても、相如（私）は会見した場所でこれ（秦王）を叱責し、その群臣に恥をかかせたのである。㉔相如（私）は愚か者であるが、どうして廉将軍を恐れようか（いや、恐れはしない）。㉕ただ私がこれを考えるに、強国の秦があえて軍隊を趙に進めない理由は、ただ私たち二人がいるからである。㉖今もし二頭の虎（ともいうべき私たち）がともに戦ったとしたら、その結果は（どちらかは倒れ）ともには生きられないだろう。㉗私がこのようにする理由は、国家の危急存亡を第一にして個人的なうらみを後回しにしているからなのだ。」と。

㉘廉頗はこれを（伝え）聞き、上半身の服を脱いで上体をあらわしイバラのむちを背負い、（藺相如の）客人に仲介を頼んで、藺相如の（家の）門へやってきた。㉙（そして）謝罪して言うことには、「下賤な私は、将軍の度量が広いことがこれほどまでであるとは存じませんでした。」と。㉚とうとう（二人は）互いにともに喜びうちとけて、刎頸の交わりを結んだのであった。

## 発問　脚注問題　高　古

**1** この後の廉頗の言葉から、右と左ではどちらが上位と考えられるか。

高 405ページ 古 131ページ

右。

**2** 何が何に「不レ若」なのか。

高 406ページ 古 132ページ

廉将軍（廉頗）が秦王に。

**3** 「不二倶生一」とは、藺相如と廉頗がどうなることをいうのか。

高 407ページ 古 133ページ

どちらか一方は死んでしまい、二人ともは生きられないということ。

**4** 「此」とは何を指すか。

藺相如が廉頗と顔を合わせないように逃げ隠れ、無用の争いが起こるのを避けていること。

**5** 「肉袒負レ荊」をすることによって、どのような気持ちを表そうとしたのか。

自分に非があったことを認め、謝罪する気持ち。

## 教材末の問題　高 407ページ 古 133ページ

### 学習

1　廉頗は最初、藺相如をどのように思い、どのような態度をとったか。まとめてみよう。

都市を攻め野で戦った自分の大きな功績に比べ、藺相如の手柄はただ口先がうまいというだけで立てたものである。しかももともと卑賤な身分の出であるのに、自分の上位に任命された。この下位にいるのは、恥ずかしくて我慢できないと思い、相如を見たら必ず辱めてやると言いふらしていた。

2　藺相如は廉頗に対してどのような態度をとったか。理由とともにまとめてみよう。

強国の秦が趙に攻めてこないのは、自分と廉頗がいるからであり、もし二人が争えばどちらかは倒れてしまい秦に侵攻されると考えたため、廉頗と序列を争ったり顔を合わせたりしないように、朝廷へも仮病を使って出仕せず、外出しても遠くから廉頗を見かけると引き返すなどして避け隠れた。

3　「刎頸の交わり」という成語は、現在どのような意味で使われているか。調べてみよう。

きわめて親密な交際のたとえ。

〈ポイント〉　直接には「その友人のためなら、たとえ首をはねられても後悔しない交友」の意である。

## ——荊軻　風蕭蕭として易水寒し——

### 書き下し文・現代語訳

①是に於いて太子予め天下の利なる匕首を求めて、趙人徐夫人の匕首を得、之を百金に取る。②工をして薬を以て之を焠がしめ、以て人に試みるに、血縷を濡せば、人立ちどころに死せざる者無し。③乃ち装して為に荊卿を遣はさんとす。

④燕国に勇士秦舞陽なるもの有り。⑤年十三にして人を殺し、人敢へて忤視せず。⑥乃ち秦舞陽をして副たらしむ。⑦荊軻待つ所有り、与に倶にせんと欲す。⑧其の人遠きに居りて未だ来たらず。⑨而るに行を治むるを為す。⑩之を頃くするも、未だ発せず。⑪太子之を遅しとし、其の改悔せしを疑ふ。⑫乃ち復た請ひて曰はく、「日已に尽く。⑬荊卿豈に意有りや。⑭丹請ふ先づ秦舞陽を遣はすを得ん。」と。⑮荊軻怒り、太子を叱して曰はく、「何ぞ太子の遣はすや。⑯往きて返らざる者は、豎子なり。⑰且つ一匕首を提げて、不測の強秦に入る。⑱僕の留まる所以の者は、吾が客を待ちて与に倶にせんとすればなり。⑲今太子之を遅しとす。⑳請ふ辞決せん。」と。㉑遂に発す。

㉒太子及び賓客の其の事を知る者、皆白き衣冠して以て之を

---

①そこで（燕の）太子（丹）は前もって天下に比べるもののないほど鋭利な短刀を探し求めて、趙の人である徐夫人の短刀を見つけ出し、これを大金を支払って手に入れた。②刀工に（この短刀に）毒薬を塗って焼きを入れさせ、それで人に試したところ、血が糸すじほどにじむだけで、（試した）人でたちまち死なない者はいなかった。③そこで短刀の外装を整えて（秦王のもとに）荊卿を派遣しようとした。

④燕の国に勇士の秦舞陽という者がいた。⑤十三歳で人を殺し、人はすすんでは（秦舞陽を）にらみ返そうとはしなかった。⑥そこで秦舞陽を副使にさせた。⑦荊軻には（到着するのを）待っている人がいて、（その人と）一緒に行動しようとしていた。⑧その人は遠方にいてまだ到着しない。⑨しかし（荊軻はその人の分も）旅支度をした。⑩このようにしばらくたったが、まだ出発しない。⑪太子はこれを遅いと思い、その（荊軻の）気が変わって（引き受けたことを）後悔したのではないかと疑った。⑫そこで再び頼んで言うことには、「（出発予定の）日はもう過ぎてしまいました。⑬荊卿には何か考えがあるのですか。⑭丹（私）はお願いします、先に秦舞陽を派遣させてください。」と。⑮荊軻は怒り、太子を叱って言うことには、「どうして太子はこのような派遣の

送り、易水の上に至る。㉓既に祖して道を取る。㉔高漸離筑を撃ち、荊軻和して歌ひ、変徴の声を為す。㉕士皆涙を垂れて涕泣す。㉖又前みて歌を為りて曰はく、「風蕭蕭として易水寒し、壮士一たび去りて復た還らず。」と。㉗復た羽声を為して忼慨す。㉘士皆目を瞋らし、髪尽く上りて冠を指す。㉙是に於いて荊軻車に就きて去る。㉚終已に顧みず。

（『史記』刺客列伝）

---

仕方をされるのですか。⑯行って（再び）帰らない者は、青二才（のこの私）なのです。⑰まして短刀一本を携えて、（何が起こるか）予測できない強国の秦に行くのです。⑱私が留まっている理由は、私の友人（が来るの）を待って一緒に行動しようとしているからです。⑲今太子はこれを遅いとなさいます。⑳（それでは）別れを告げさせてください。」と。㉑そのまま出発した。

㉒太子と賓客でその事情を知る者たちは、みな白い喪服を着て冠をかぶりこれ（荊軻）を見送り、易水のほとりまでやって来た。㉓すでに旅立つ者を送るための宴を開いて旅路につこうとした。㉔（荊軻の友人の）高漸離が筑を打ち鳴らし、荊軻が（これに）合わせて歌い、悲愴な音階の曲を演奏した。㉕男たちはみな涙を流して泣いた。㉖（荊軻が）さらに前に進み出て歌を作って詠むことには、「風はもの寂しく吹き易水は寒々としている、壮士は一度（この地を）去って二度と帰ってはこない。」と。㉗再び心の高揚を表す音階の曲を奏でて気持ちが高ぶった。㉘男たちはみな目を見開き、髪の毛がすべて逆立って冠をつき上げんばかりだった。㉙こうして荊軻は車に乗って去って行った。㉚ずっと振り返ることはなかった。

## 発問　脚注問題　高　古

**1　高409ページ　古135ページ　何を「疑」っているのか。**

荊軻が心変わりして、秦王の暗殺を引き受けたことを後悔し、それをやめようと思っているのではないかということ。

**2　見送る人はなぜ「白衣冠」だったのか。**

「白衣冠」は喪服であり、秦王の暗殺に赴く荊軻はもはや生きて帰ることはないとみながわかっていたので、最後の別れをしようとしたから。

## 教材末の問題　高410ページ　古136ページ

学習

**1　荊軻が秦王暗殺になかなか出発しなかったのはなぜか。まとめてみよう。**

暗殺を確実に成功させるために、遠い所にいる一緒に行きたい人物が到着するのを待っていたため。

〈ポイント〉「僕所以留者」（高四〇九・8）（古一三五・8）の後に、その理由が示されている。荊軻は秦舞陽が冷酷で無謀な若造で、重要な局面では頼りにならないと見抜き、信頼できる相棒を待っていたのである。

**2　易水での歌には荊軻のどのような気持ちが込められているのか。考えてみよう。**

信頼できる相棒を待たずに出発するが、自分を厚遇してくれた太子の要望であるなら、即座に応え恩に報いよう。そして秦の燕への侵略を阻止するためにも、身をなげうち全力を尽くそう。暗殺が成功しても失敗しても、自分は二度と生きて戻ることはない、という悲痛な覚悟。

〈ポイント〉「羽声」（高四一〇・3）（古一三六・3）といった激しく高ぶった歌の調子や「忼慨」から、荊軻が、死を覚悟のうえで任務を遂行しようという高揚感をもっていることが読み取れる。

そして、それを送る賓客たちも「瞋目、髪尽上指冠」という様子から、尋常でない心の高ぶりをもって別れに臨んでいることがわかる。

# ――荊軻　図窮まりて匕首見る――

## 書き下し文・現代語訳

①遂に秦に至り、千金の資幣物を持ちて、厚く秦王の寵臣中庶子の蒙嘉に遺る。②嘉為に先づ秦王に言ひて曰はく、「燕王誠に大王の威に振怖し、敢へて兵を挙げて以て軍吏に逆らはず。③願はくは国を挙げて内臣と為り、諸侯の列に比し、貢職を給すること郡県のごとくにして先王の宗廟を奉守するを得んと。④恐懼して敢へて自ら陳べず、謹んで樊於期の頭を斬り、及び燕の督亢の地図を献じ、函封して、燕王庭に拝送し、使ひをして大王に以聞せしむ。⑤唯だ大王之に命ぜよ。」と。⑥秦王之を聞きて大いに喜び、乃ち朝服して九賓を設け、燕の使者を咸陽宮に見る。

⑦荊軻樊於期の頭の函を奉じ、而して秦舞陽地図の柙を奉ず。⑧次を以て進み、陛に至る。⑨秦舞陽色変じ振恐す。⑩群臣之を怪しむ。⑪荊軻顧みて舞陽を笑ひ、前みて謝して曰はく、「北蕃蛮夷の鄙人、未だ嘗て天子に見えず。⑫故に振慴す。⑬願はくは大王少く之を仮借し、使ひを前に畢ふるを得しめよ。」と。⑭秦王軻に謂ひて曰はく、「舞陽の持つ所の地図を取れ。」と。

---

①そうして秦に到着し、千金（の価値）の贈り物を持参して、秦王の寵愛を受けている家臣で中庶子の蒙嘉に丁重に贈った。②嘉は荊軻のためにまず秦王に進言して言うことには、「燕王は本当に大王の威厳にふるえ恐れ、決して挙兵して（秦の）軍隊の指揮官に逆らうことはしません。③国全体で臣下として秦に仕えて、諸侯の列に並び、貢ぎ物をささげるのを直轄地の郡県と同じようにすることで先王の祖先の霊を祭る所を守ることができるようにと願っています。④（燕王は）恐れかしこまって自らすすんでは陳情することなく、謹んで（亡命者の）樊於期将軍の首を切り、また燕の督亢地方の地図を献上しようと、箱に入れて密封して、燕王は手厚く使者を送りだして、使者に大王様に申し上げさせようとしています。⑤どうか大王様これにお命じください。」と。⑥秦王はこれを聞いてたいへん喜び、そこで正装して九人の接待役による国賓引見の最高の儀礼の用意を整え、燕の使者と咸陽宮で引見した。

⑦荊軻は樊於期の首の（入っている）箱を高く上げて持ち、そして秦舞陽は地図の（入っている）箱を高く上げて持った。⑧正使・副使の順番で進み出て、玉座の階段に着いた。⑨秦舞陽は顔色を変え（体は）ふるえ恐れていた。⑩大勢の家臣たちはこれ（秦

⑮軻既にして図を取りて之を奏す。⑯秦王図を発く。⑰図窮まりて匕首見る。⑱因りて左手もて秦王の袖を把り、而して右手もて匕首を持ち之を揕す。⑲未だ身に至らず。⑳秦王驚き、自ら引きて起つ。㉑袖絶つ。㉒剣を抜かんとす。㉓剣長し。㉔其の室を操る。㉕時に惶急し、剣堅し。㉖故に立ちどころに抜くべからず。㉗荊軻秦王を逐ふ。㉘秦王柱を環りて走ぐ。㉙群臣皆愕く。㉚卒かに不意に起これば、尽く其の度を失ふ。㉛而も秦の法、群臣の殿上に侍する者は尺寸の兵をも持するを得ず。㉜諸郎中兵を執るも、皆殿下に陳なり、詔召有るに非ざれば、上るを得ず。㉝急時に方たりて、下の兵を召すに及ばず。㉞故を以て、荊軻乃ち秦王を逐ふ。㉟而も卒かに惶急し、以て軻を撃つこと無くして手を以て共に之を搏つ。

㊱是の時、侍医夏無且、其の奉ずる所の薬嚢を以て荊軻に提つなり。㊲秦王方に柱を環りて走ぐ。㊳卒かに惶急して、為す所を知らず。㊴左右乃ち曰はく、「王剣を負へ。」と。㊵剣を負ひ、遂に抜きて以て荊軻を撃ち、其の左股を断つ。㊶荊軻廃る。㊷乃ち其の匕首を引きて以て秦王に擿つも、中たらず。㊸桐柱に中つ。㊹秦王復た軻を撃つ。㊺軻八創を被る。㊻軻自ら事の就らざるを知り、柱に倚りて笑ひ、箕踞して以て罵りて曰はく、「事の成らざりし所以の者は、生きながらにして之を劫か

---

舞陽の様子）を不審に思った。⑪荊軻は振り返って舞陽を笑い、進み出て謝って言うことには、「北方の野蛮な地の田舎者は、まだ一度も天子様にお目にかかったことがありません。⑫だからふるえおののいております。⑬どうか大王様少々これを大目に見て、使者としての役目を王の御前で果たすことをお許しください。」と。⑭秦王が荊軻に向かって言うことには、「舞陽が持っている地図を取ってまいれ。」と。⑮荊軻はすぐに地図を取ってこれを（秦王に）献上した。⑯秦王は（巻物の）地図を開いた。⑰地図が開き終わると（軸の部分に隠されていた）短刀が現れた。⑱それで（荊軻は）左手で秦王の袖をつかみ、そして右手で短刀を持ってこれ（秦王）を突き刺した。⑲（短刀は）まだ身体まで届かない。⑳秦王は驚いて、自分で身を引いて立ち上がった。㉑袖がちぎれた。㉒（秦王は）剣を抜こうとした。㉓剣は長い。㉔剣の鞘をつかんだ。㉕このとき（秦王は）恐れてあわてふためいていて、剣は（鞘から抜こうとすると）堅い。㉖だからすぐさま抜くことができなかった。㉗荊軻は秦王を追いかけた。㉘秦王は柱を回って逃げた。㉙大勢の家臣たちはみなたいそうびっくりした。㉚突然予期せずことが起こったので、全員が狼狽して取り乱していた。㉛しかも秦の法律では、家臣たちで宮殿の中に仕える者はごく小さな武器をも持ってはならないのである。㉜宮中の警備をつかさどる郎中たちは武器を持っていたが、みな宮殿の階下に並んでいて、王からのお召しがかからなければ、殿上に昇ってはならなかった。㉝切迫しているときに当たって、（秦王は）殿下の兵を召すこともできない。㉞そういうわけで、荊軻は秦王を追いかけ（続

し、必ず約契を得て以て太子に報ぜんと欲せしを以てなり。」と。㊼是に於いて左右既にして前みて軻を殺す。㊽秦王怡ばざる者良久し。

（『史記』刺客列伝）

---

け）た。㉟しかも突然のことに（家臣たちは）恐れてあわてふためき、荊軻に斬りかかる手段がなく素手でみなでこれ（荊軻）をなぐりつけた。

㊱このとき、（秦王の）侍医の夏無且が、ささげ持っていた薬を入れた袋を荊軻に投げつけた。㊲秦王はちょうど今柱を回って走って逃げていた。㊳突然のことに恐れてあわてふためき、どうしたらいいかわからない。㊴側近の家臣たちがそこで言うことには、「王様、剣を背負いなさいませ。」と。㊵（秦王は）剣を背負い、やっと抜いて荊軻に斬りかかり、その左の太股を切り裂いた。㊶荊軻が（片足が動かなくなり）倒れた。㊷そこでその短刀を引きつけ振り上げて秦王に投げつけたが、当たらなかった。㊸（短刀は）桐の柱に当たった。㊹秦王は再び荊軻に斬りかかった。㊺荊軻は八つの傷を負った。㊻荊軻は自分で事（暗殺）が成就しなかったことを知り、柱に寄りかかって笑い、両足を前に投げ出して座ってそうして罵って言うことには、「事が成就しなかった理由は、生きたままこれ（秦王）を脅し、必ず（土地を返すという）取り決めの文書を手に入れて太子に報告したいと思ったからだ。」と。㊼そこで側近の者がすぐに進み出て荊軻を殺した。㊽秦王は不快な気持ちがしばらく続いた。

## 重要語句

高 412　古 138

**卒**　「にはカニ」と読んで「急に・突然」の意。「つひニ」と読むときは「とうとう・最後に」の意。「にはカニ」と読む字には他に「俄・頓・遽」などがある。

## 発問　脚注問題　高　古

**1**　高 411ページ　古 137ページ

**秦舞陽が「色変振恐」したのはなぜか。**

秦王の宮殿で大勢の家臣が列席する中を秦王の前に進み出て、荘厳で威圧的な雰囲気に圧倒され、ここでこれから秦王を殺さねばならないこと、絶対生きては帰れないことが改めて実感され恐怖に襲われたから。

**2**　高 412ページ　古 138ページ

**「秦法」はどのような意図で制定されたのか。**

秦王が臣下の者によって暗殺されるのを防ぐ意図。

## 教材末の問題　高 414ページ　古 140ページ

学習

1　**荊軻が秦の宮殿で秦王に献上したものは何か。まとめてみよう。**

秦から燕に亡命していた樊於期将軍の首と、燕で最も肥沃な土地である督亢の地図。

2　**秦王は荊軻の最初の一撃を免れたのに、なぜ殺されそうになったのか。理由をまとめてみよう。**

不意をつかれた家臣たちがすぐに対処できなかったから。また、武器を持っている警備の者たちも王の命令がなければ玉座に近寄ることができず、逃げ回る王にその命令を出す余裕がなかったので、誰も王を助けに行けなかったから。

〈ポイント〉宮殿の内部に暗殺者が潜むのを防ぐ目的の秦の法律が、かえって仇（あだ）となって家臣たちは武器を持たず、危急のときに秦王を助ける手段がなかったのである。なお、秦王自身も恐れてあわてふためき、長くて鞘とのしまりが堅い剣をなかなか抜けなかったということを、答えに加えてもよい。

探究の扉 ―比べ読み― 高415ページ 古141ページ

# ―日本外史―

## ◆川中島◆

### 作品紹介

日本外史 にほんがいし 頼山陽が著した歴史書。二十二巻。

頼山陽 →この教科書ガイドの34頁

### 書き下し文・現代語訳

①八月、謙信復た八千騎を以て信濃に入る。②曰はく、「吾が此の行、必ず信玄と親ら戦ひて、雌雄を決せんのみ。」と。③進みて犀川を渡りて陣す。④既望、信玄二万人を以て出で、之と対す。⑤塁を固くして出でず。⑥間日、謙信村上義清等をして夜兵を伏せて、暁に采樵者を出だして、甲斐の塁に近づかしむ。⑦甲斐の兵出でて之を追ひ、伏に陥りて皆死す。⑧諸隊随ひて出でて乃ち大いに戦ふ。⑨終日十七合、迭ひに勝敗有り。

①（天文二三年）八月、（上杉）謙信は再び八千騎を率いて信濃の国へ攻め入った。②（謙信が）言うことには、「私のこの行軍では、必ず（武田）信玄と直接戦って、雌雄を決しよう（勝敗を決めよう）。」と。③進んで犀川を渡って陣を構えた。④陰暦十六日、信玄は二万人を率いて出陣し、これと対峙した。⑤城塁を固く守り、出て行かなかった。⑥一日を隔てて十八日、謙信は村上義清らに夜のうちに兵を待ち伏せさせて、明け方にたきぎを採る人を出して、（信玄の）甲斐の城塁に近づかせた。⑦甲斐の兵は打って出てこれを追いかけ、伏兵にやられてみな死んでしまっ

⑩信玄潜かに令を下し、絙を犀川に張りて渡る。⑪旗幟を伏せ、蘆葦中を径て、直ちに謙信の麾下を襲ふ。⑫麾下潰走す。⑬信玄勝ちに乗じて進む。⑭宇佐美定行等、手兵を以て横に撃ちて之を破り、之を河に擠とす。⑮信玄数十騎と走る。⑯一騎有り、黄襖騮馬、白布を以て面を裹み、大刀を抜きて来たり、呼びて曰はく、「信玄何くにか在る。」と。⑰信玄馬を躍らせて河を乱り、将に逃れんとす。⑱騎も亦河を乱り、罵りて曰はく、「豎子此に在るか。」と。⑲刀を挙げて之を撃つ。⑳信玄刀を抜くに暇あらず。㉑持つ所の麾扇を以て之を扞ぐ。㉒扇折る。㉓又撃ちて其の肩を斫る。㉔甲斐の従士之を救はんと欲すれども、水駛くして近づくべからず。㉕隊将原大隅槍もて其の騎を刺す。㉖中たらず。㉗槍を挙げて之を打つ。㉘馬首に中たる。㉙馬驚きて、跳りて湍中に入る。㉚信玄纔かに免る。㉛武田信繁信玄の危ふきを聞き、之に返し、騎を呼びて戦ひを索め、戦ひて之に死す。

㉜是の日、両軍の死傷大いに当たる。㉝而して信玄創を被り、夜兵を収めて退く。㉞後に越後の捕虜を獲たり。㉟言はく、「嚮の騎は乃ち謙信なり。」と。

（『日本外史』）

た。⑧各隊も（これに）続いて出てそして大いに戦った。⑨一日中（戦って）十七回、互いに勝ったり負けたりした。

⑩信玄は密かに命令を下して、大綱を犀川に張って伝い渡った。⑪旗やのぼりを伏せ隠し、アシの茂る中を通り抜け、そのまま謙信の直属の兵を襲った。⑫直属の兵たちは敗れて逃げた。⑬信玄は勝った勢いに乗って進んだ。⑭（上杉方の）宇佐美定行らが、手勢を率いて横から攻めてこれ（信玄の軍）を破り、これを川の中に押し落とした。⑮信玄は数十騎（の者）と逃げた。⑯（そのとき）一騎の武者がいた、黄色の陣羽織を着て栗毛の馬に乗り、白布で覆面をして、大刀を抜いて迫ってきて、呼ばわって言うことには、「信玄はどこにいるか。」と。⑰信玄は馬を躍らせて川を横切り、逃げようとした。⑱武者もまた川を横切り、ののしって言うことには、「小僧め、ここにいたか。」と。⑲刀を振りかざしてこれ（信玄）に斬りかかった。⑳信玄は刀を抜く暇もなかった。㉑持っていた軍扇でこれ（刀）を防いだ。㉒扇が折れた。㉓また斬りかかってその（信玄の）肩を斬った。㉔甲斐の供の兵がこれ（信玄）を助けようとしたが、水（の流れ）が速くて近づくことができなかった。㉕（武田方の）隊の大将の原大隅が槍でその武者めがけて突いた。㉖当たらなかった。㉗（そこで）槍を振り上げてこれを打ちすえた。㉘（すると）馬の首に当たった。㉙馬は驚いて、躍り上がり急流に飛び込んだ。㉚信玄はかろうじて逃れた。㉛（信玄の弟の）武田信繁は信玄が危ないと聞き、取って返して、（その）武者を呼びとめて戦いを挑み、戦ってここで死んでしまった。

㉜この日、両軍の死傷者の数は、まったく同程度であった。

㉝そして信玄は刀傷を負い、夜のうちに兵をまとめて退却した。
㉞後に越後の捕虜を捕らえた。㉟（その者が）言うことには、「あのときの武者こそは謙信です。」と。

## 教材末の問題　高417ページ　古143ページ

学習

1　両軍の戦いを時間の経過に従って整理してみよう。

・天文二三（一五五四）年八月

上杉軍…謙信は八千騎を率いて信濃の国へ攻め入り、犀川を渡って陣を構えた。

・八月十六日

武田軍…信玄は二万人を率いて出陣したが、城塁から出なかった。

・八月十八日

上杉軍…謙信は村上義清らに夜のうちに兵を伏せさせ、明け方にきこりに甲斐の城塁に近づかせた。

武田軍…きこりを追って打って出た兵らが、伏兵にかかって死んだ。これに続いて他の各隊も出撃した。

両軍…大いに交戦した。

武田軍…信玄らは密かに犀川に大綱を張って渡り、謙信の本陣を急襲した。

上杉軍…本陣の兵は敗走した。

武田軍…勝った勢いに乗じ、進軍した。

上杉軍…宇佐美定行らが信玄の軍を横から襲い、破って川へ押し落とした。

武田軍…信玄は数十騎と逃げた。

上杉軍…武者（謙信）は信玄を探して呼ばわり、一騎打ちを挑む。

武田軍…信玄は川に乗り入れて逃げようとする。

上杉軍…武者（謙信）は続いて川に乗り入れ、信玄に斬りかかる。

武田軍…信玄は軍扇で防ぐ。

上杉軍…武者（謙信）は信玄の肩を斬りつける。

武田軍…原大隅が武者を槍で突いたが当たらず、槍で打ちつけると、馬の首に当たり、馬が急流に飛び込んだため、信玄は逃れることができた。

武田軍…武田信繁がその武者を呼びとめて戦い、討ち死にした。

武田軍…夜のうちに兵をまとめて退却した。

両軍…一日中戦い、十七回勝ったり負けたりしたが、死傷の被害はまったく同程度であった。

言語活動

1　本文と「荊軻」（→高四〇八頁）（→古一三四頁）を読み比べたうえで、本文の文章表現で『史記』と似ている点を指摘してみよう。

・本文の「不中。……馬驚、跳入湍中。」（高四一六・9）（古一四二・9）、「荊軻」の「秦王驚、自引而起。袖絶。……故不可立抜。」（高四一二・1）（古一三八・1）のように短文を多用することで、緊迫感を生んでいる点。

・「豎子」という語で「小僧」「青二才」という意味を表現している点。

# 文章 捕レ蛇者説／師説

高「高等学校 古典探究」418～427ページ
古「古典探究 漢文編」144～153ページ

## —捕レ蛇者説—

### 作品紹介

**柳河東集　りゅうかとうしゅう**　柳宗元の詩文集。

柳宗元（七七三～八一九）は、中唐の詩人。韓愈とともに古文復興を唱えた。「唐宋八大家」の一人。田園詩に優れ、王維・孟浩然・韋応物と並び称される。

### 書き下し文・現代語訳

①永州の野に異蛇を産す。②黒質にして白章あり。③草木に触るれば尽く死し、以て人を齧めば、之を禦ぐ者無し。④然れども得て之を腊にし以て餌と為さば、以て大風・攣踠・瘻癘を已し、死肌を去り、三虫を殺すべし。⑤其の始め太医王命を以て之を聚め、歳に其の二を賦す。⑥募りて能く之を捕らふる者有らば、其の租入に当つ。⑦永の人争ひて奔走す。⑧蔣氏なる者有り、其の利を専らにすること三世なり。⑨之

---

①永州の野には変わった蛇がいる。②黒の地肌に白い模様がある。③（この蛇が）草や木に触れると（その草や木は）すべて枯れてしまうし、（また）人間にかみつくと、これ（毒）を防ぐことができる者はいない。④しかし（その蛇を）捕らえてこれを干し肉にして薬とすると、大風（皮膚病の一種）・手足がひきつり曲がって伸ばせない病気・首にできる腫れ物や悪性の皮膚病を治し、血が通わない壊死した皮膚を取り除き、（人の体内に住んでその人の過失を天帝に報告するという）三虫を殺すことができる。⑤最初は宮中の侍医が天子の命令によってこの蛇を集め、一年に

に問へば則ち曰はく、「吾が祖是に死し、吾が父是に死す。⑩今吾嗣ぎて之を為すこと十二年、幾ど死せし者数なり。」と。⑪之を言ふに貌甚だ慼ふる者のごとし。⑫余之を悲しみ、且つ曰はく、「若之を毒とするか。⑬余将に事に涖む者に告げ、若の役を更め、若の賦を復せんとすれば、則ち何如。」と。⑭蔣氏大いに戚み、汪然として涕を出だして曰はく、「君将に哀れみて之を生かさんとするか。⑮則ち吾が斯の役の不幸は、未だ吾が賦を復する不幸の甚だしきに若かざるなり。⑯嚮に吾斯の役を為さざれば、則ち久しく已に病めるならん。⑰吾が氏三世是の郷に居りしより、今に積みて六十歳なり。⑱而して郷隣の生は日に蹙り、其の地の出を殫くし、其の廬の入を竭くす。⑲号呼して転徙し、飢渇して頓踣す。⑳風雨に触れ、寒暑を犯し、毒癘を呼嘘し、往往にして死する者、相藉けり。㉑曩に吾が祖と居りし者、今其の室十に一無し。㉒吾が父と居りし者、今其の室十に二三無し。㉓吾と居ること十二年なる者、今其の室十に四五無し。㉔死せるに非ざれば則ち徙りしのみ。㉕而るに吾蛇を捕らふるを以て独り存す。㉖悍吏の吾が郷に来たるや、東西に叫囂し、南北に隳突す。㉗譁然として駭く者、鶏狗と雖も寧きを得ず。㉘吾恂恂として起き、其の缶を視て、吾が蛇尚ほ存すれば、則ち弛然として臥す。㉙謹んで之を食ひ、時にして献ず。

---

蛇二匹を税として州に割り当てた。⑥（そこで永州では）広く求めてこの蛇を捕らえることができる人がいれば、（その蛇を）その人の租税の納入にあてた。⑦永州の人々は先を争って（蛇を捕らえようと）奔走した。

⑧蔣氏という人がいて、その（蛇を捕らえて租税に代えるという特権的な）利益を独占することが三代続いていた。⑨その人に（蛇捕りについて）尋ねてみたところ言うことには、「私の祖父はこれ（蛇捕り）のために死に、私の父もこれのために死にました。⑩今私が（祖父や父の蛇捕りの仕事を）継いでこれに従事することが十二年（になりますが）、もう少しで死にそうになったことがたびたびありました。」と。⑪この話をするのに表情はたいへん心配そうであった。⑫私はこれを（聞いて）悲痛に思い、その上言うことには、「お前はこれ（蛇捕りの仕事）を苦痛に思うのか。⑬（もし苦痛なら）私が担当の役人に話して、お前の仕事を変更して、お前の租税をもとに戻してやろうと思うが、どうか。」と。⑭蔣氏はたいそう悲しみ、はらはらと涙を流して言うことには、「あなたは哀れに思って私を生きながらえさせようとなさるのですか。⑮（それなら）私のこの（蛇捕りの）仕事の不幸は、私の租税をもとどおりにすることの不幸の甚だしさには及ばないのです。⑯（もしも）以前から私がこの（蛇捕りの）仕事をしていなかったら、ずっと前から生活が困窮していたでしょう。⑰私の一家が三代この村に住むようになってから、今まで年を重ねて六十年です。⑱そして村の隣人の生活は日ごとに窮迫し、その土地の産物は（租税として）納め尽くし、その家の収入を出し尽くしま

㉚退きて其の土の有を甘食し、以て吾が歯を尽くす。㉛蓋し一歳の死を犯す者二たびなり。㉜其の余は則ち熙熙として楽しむ。㉝豈に吾が郷隣の旦旦に是れ有るがごとくならんや。㉞今此に死すと雖も、吾が郷隣の死に比ぶれば、則ち已に後れたり。㉟又安くんぞ敢へて毒とせんや。」と。

㊱余聞きて愈悲しむ。㊲孔子曰はく、「苛政は虎よりも猛なり。」と。㊳吾嘗て是を疑ふ。㊴今蔣氏を以て之を観るに、猶ほ信なり。㊵嗚呼、孰か賦斂の毒、是の蛇よりも甚だしき者有るを知らんや。㊶故に之が説を為り、以て夫の人風を観る者の得んことを俟つ。

（『柳河東集』）

---

した。⑲（ある人たちは）大声で泣き叫んで移住し、（またある人たちは）飢え渇いてつまずき倒れてしまうのです。⑳（あるいは）雨や風にさらされ、寒さや暑さをしのぎ、土地の毒気を呼吸して、ばたばたと死ぬ者が互いに重なり合いました。㉑以前に私の祖父と（同じ時代から一緒に）住んでいた人は、現在その家は十軒に一軒も残っていません。㉒私の父と（同じ時代から一緒に）住んでいた人は、現在その家は十軒に二、三軒も残っていません。㉓私と一緒に（この村に）住んでいることが十二年になる人は、現在その家は十軒に四、五軒も残っていません。㉔（彼らは）死に絶えてしまったの（か、そう）でなければ（他の土地へ）移住してしまったのです。㉕ところが私は蛇を捕らえる仕事のおかげでひとり生きのびているのです。㉖荒々しい役人が私の村にやって来ると、四方にわたって喚きちらし暴れ回ります。㉗がやがやと騒々しくて（村中が）ひどく驚くことは、鶏や犬でさえも安らかではいられないほどです。㉘私はびくびくしながら起き上がり、かめの中をのぞいてみて、私の蛇がまだ生きていれば、ほっとして気が緩んで（また）寝床に横になります。㉙慎重にこれを世話して、（納入すべき）時が来たら献上します。㉚（蛇を納入し終えて）役所から帰ってその土地の産物をおいしく食べ、そうして私の与えられた命を全うしていくのです。㉛思いますに一年のうちで死の危険を冒すことは二回です。㉜その他の日々はゆったりと楽しんでいるのです。㉝どうして私の村の隣人たちが毎日死ぬ思いをしているのと同じようでしょうか（いや、同じようではありません）。㉞今（私が）これ（蛇捕り）のために死んだとしても、私の村の隣人たちの死に比べたら、もうす

でに（私の死の方が）遅れているのです。㉟（それなのに）どうして（この仕事を）苦痛に思おうとしましょうか（いや、思おうとはしません）。」と。

㊱私は（この蒋氏の話を）聞いていっそう悲しくなった。㊲孔子が言ったことには、「むごい政治（の害）は虎（の害）よりもひどいものだ。」と。㊳私は以前はこれ（孔子の言葉）を疑っていた。㊴（しかし）今蒋氏（の話）からこれを考えてみると、やはり本当である。㊵ああ、誰が税の取り立ての害毒が、この蛇の毒よりもひどいものだということを知っているだろうか（いや、誰も知らない）。㊶だから（私は）この文章を作り、あの民の暮らしぶりを観察する人（為政者）が知るのを期待するのである。

## 重要語句

高 418　古 144
**幾**　「ほとんド」と読み「もう少しで」の意。「幾」には他に「いく・いくばく」と読んで疑問・反語を表す用法、「ちかシ」と読み「ほとんど〜している」の意などがある。

高 419　古 145
**乎**　対象・場所・比較・受身などを示す置き字。

## 発問　脚注問題　高　古

**1**　高 418ページ　古 144ページ
**「之」の内容は何か。**

蛇の毒。

**2**　**永州の人が争って奔走したのはなぜか。**
蛇を捕らえれば、それを租税の代わりに納めることができるようになったから。

〈ポイント〉後の蒋氏の話から、人々が納めていた租税が過酷であったことがわかる。租税を免除してもらうために毒蛇を捕らえようと、奔走したのである。

**3**　高 419ページ　古 145ページ
**「更㆓若役㆒、復㆓若賦㆒」とは具体的にはどうすることか。**

蒋氏の、普通の租税を免除される代わりに蛇を捕って納めるという仕事を変更して、税の納入方法を、蛇でなく普通に租税を納めるという方法に戻す、ということ。

**4 「其室十無レ一焉」とはどういうことか。**

（祖父がいた頃に同じ土地に住んでいた）その家々は、十軒のうち一軒も残っていない、つまり残っている家は当時の一割未満であるということ。

**高 420ページ 古 146ページ**

**5 「一歳之犯レ死者二焉」とはどういうことか。**

一年の間に死の危険を冒すのは二回であるということ。

〈ポイント〉「歳賦ニ其二一」（高四一八・4）（古一四四・4）とある。蒋氏は、永州に割り当てられた税である一年につき二匹の蛇を納めることを、普通の租税の代わりに課せられていたのである。

**6 「是」の指示内容は何か。**

死ぬほどの危険。死ぬような思い。

## 教材末の問題

**高 421ページ 古 147ページ**

**学習**

**1 「蒋氏大イニ戚ミ、汪然トシテ出ダシテレ涕ヲ」（高四一九・2）（古一四五・2）とあるが、蒋氏が涙を流したのはなぜか。考えてみよう。**

自分の蛇捕りの仕事も危険を伴う厳しいものであるが、それよりもはるかにひどい租税の取り立てのむごさを作者が知らないことに、つらく悲しくなったから。

〈ポイント〉作者が税の納入方法を他の者と同じ方法に戻してやろうかと言ったのを聞いて、役人である作者が民の生活実態を知らないことを悲しく思ったのである。

**2 村人の生活と蒋氏の生活の違いをまとめてみよう。**

○村人の生活

・その土地の作物、その家の収入をすべて税として出し尽くし、移住するか飢渇して倒れてしまう。風雨や暑さ寒さにさらされて働き続け、土地の毒気を吸って死んでしまうこともある。

・三代六十年暮らすうちに九割以上、二代暮らすうちに七、八割以上、十二年暮らすうちに五、六割以上の家が絶えるか、移住することになる。

・村に役人が来ると、驚きうろたえる。

○蒋氏の生活

・一年に二回、死の危険を冒して毒蛇を捕まえ、かめに入れて納期が来るまできわめて慎重に飼い、納めた後は、土地の作物をおいしく食べ、のんびりと楽しく暮らす。

・家が三代続いている。

**3 柳宗元はなぜこの文章を執筆したのか。考えてみよう。**

過酷な政治がいかに人民を苦しめるか、善政とはどういうものかを、時の為政者に考えてほしいという、痛烈な批判の思いがあったから。

〈ポイント〉柳宗元は若くして官僚となったが、三十三歳のときクーデターによって失脚し永州に左遷され、十年をこの地で過ごした。この文は、その時期の経験を踏まえ、地方の苛政の実態を浮き彫りにしたものである。

# 師説

## 作品紹介

**韓昌黎集**　かんしょうれいしゅう　韓愈の詩文集。昌黎は韓愈の号。全四十巻。外集十巻。門人の李漢が編集した。
　韓愈（七六八～八二四）は中唐の詩人・文章家。唐宋八大家の一人。官吏としても要職にあり、多くの功績を残した。儒教を尊び、柳宗元らと共に、漢代以前の文章を手本として修辞よりも内容を重視した「古文」の復興に尽力した。

## 書き下し文・現代語訳

①古の学ぶ者には必ず師有り。②師は道を伝へ業を授け惑ひを解く所以なり。③人は生まれながらにして之を知る者に非ず。④孰か能く惑ひ無からん。⑤惑ひて師に従はずんば、其の惑ひたるや終に解けず。⑥吾が前に生まれて、其の道を聞くや固より吾より先ならば、吾従ひて之を師とせん。⑦吾が後に生まれて、其の道を聞くや亦吾より先ならば、吾従ひて之を師とせん。⑧吾は道を師とするなり。⑨夫れ庸ぞ其の年の吾より先後して生まるるを知らんや。⑩是の故に貴と無く賤と無く、長と無く少と無く、道の存する所は、師の存する所なり。
⑪嗟乎、師道の伝はらざるや久し。⑫人の惑ひ無からんと欲するや難し。⑬古の聖人は、其の人に出づるや遠し。⑭猶ほ且つ

①古代の（道を）学ぶ者には必ず師がいた。②師とは道（儒家が理想とする人間のあり方）を伝え、知識や技術を授け、疑問や迷いを解くためのものである。③人は生まれながらにこれ（道や業）を知るものではない。④誰が迷わずにいられるだろうか（いや、迷わずにはいられない）。⑤迷っていて師につき従わないならば、その迷いは結局解けないままである。⑥自分より先に生まれて、その人が道について学び聞くことがもともと私よりも先であるならば、私はつき従ってその人を師としよう。⑦私より後に生まれて、その人が道について学び聞くこともまた私よりも先であるならば、私はつき従ってその人を師としよう。⑧私は道を師とするのである。⑨そもそもどうしてその人の年齢が自分より生まれたのが先か後かを考えようか（いや、考えない）。⑩こういうわけで身分の尊いいやしいに関係なく、年長と年少に関係なく、

師に従ひて問ふ。⑮今の衆人は、其の聖人に下るや亦遠し。⑯而も師に学ぶを恥づ。⑰是の故に聖は益聖にして、愚は益愚なり。⑱聖人の聖たる所以、愚人の愚たる所以は、其れ皆此に出づるか。⑲其の子を愛しては、師を択びて之に教へしむ。⑳其の身に於いてや、則ち師とするを恥づ。㉑惑へり。㉒彼の童子の師は、之に書を授けて其の句読を習はしむる者なり。㉓吾が所謂其の道を伝へて其の惑ひを解く者に非ざるなり。㉔句読の知らざる、惑ひの解けざる、或いは師とし、或いは不せず。㉕小に学んで大に遺る。㉖吾未だ其の明を見ざるなり。

㉗巫医・楽師・百工の人は、相師とするを恥ぢず。㉘士大夫の族は、師と曰ひ、弟子と曰ふと云はば、則ち群がり聚まりて之を笑ふ。㉙之に問へば則ち曰はく、「彼と彼とは年相若けり、道相似たり。㉚位卑ければ則ち羞づるに足り、官盛んなれば則ち諛ふに近し。」と。㉛嗚呼、師道の復せざること知るべし。㉜巫医・楽師・百工の人は、君子は歯せず。㉝今其の智は乃ち反つて及ぶ能はず。㉞其れ怪しむべきかな。

㉟聖人には常の師無し。㊱孔子郯子・萇弘・師襄・老聃を師とす。㊲郯子の徒は、其の賢孔子に及ばず。㊳孔子曰はく、「三人行へば則ち必ず我が師有り。」と。㊴是の故に弟子は必ずしも師に如かずんばあらず、師は必ずしも弟子より賢ならず。

---

道の存在するところが、師の存在するところなのである。

⑪ああ、師に対する正しい考え方が伝わらなくなってから久しいことだなあ。⑫人が迷うことがないようにしたいと思っても難しい。⑬古代の聖人は、他の人より抜きん出ることがはなはだしかった。⑭それでもやはり、さらに師につき従って学んだ。⑮今の人々は、その聖人よりも劣ることがまたはなはだしい。⑯しかも師に学ぶことを恥としている。⑰こういうわけで聖人はますます優れ、愚人はますます愚かになる。⑱聖人が優れている理由、愚人が愚かである理由は、すべてここに原因があるのだろう。⑲自分の子を愛しては、師を選んで子に教えさせる。⑳自分自身においては、師につき従って学ぶことを恥とする。㉑（これは）理性を失っている。㉒あの子の師というのは、子に書物を与えてその文章の読み方を習わせるものである。㉓私が言うところの、人の道を伝えてその疑問や迷いを解くものではないのである。㉔文章の読み方がわからない、疑問や迷いが解けない（場合に）、一方では師につき従って学び、一方では師につき従って学ばない。㉕小さなことは学んで大きなことは忘れている。㉖私はまだそのような人に（道や業を理解する）賢さを見たことがない。

㉗巫女と医者・音楽家・色々な技術者は、互いを師とすることを恥じない。㉘官位のある者たちは、師と言ったり、弟子と言ったりするならば、群がり集まってこれを嘲笑する。㉙これ（官位のある者）に（その理由を）尋ねると言うことには、「あの人とあの人とは年齢が互いに同じぐらいで、学問や修行で身についたものも同じぐらいである。㉚師の身分が低ければ（それを師とす

㊵道を聞くに先後有り、術業に専攻有り、是くのごときのみ。㊶李氏の子蟠、年十七。㊷古文を好み、六芸の経伝皆之に通習せり。㊸時に拘らず、余に学ぶ。㊹余其の能く古道を行ふを嘉し、師の説を作りて以て之に貽る。

（『韓昌黎集』）

るのを）恥じるのに十分であり、師の官位が高ければ（それを師とするのを）媚びへつらっているようだ。」と。㉛ああ、師に対する正しい考え方がもとに戻らないことがよくわかることだなあ。㉜巫女と医者・音楽家・色々な技術者を、君子（であるはずの士大夫たち）は同列に見なさない。㉝（ところが）今その（士大夫たちの）智恵は意外にもかえって（巫女と医者・音楽家・色々な技術者に）及ぶことができない。㉞それこそ不思議なことではないか。

㉟聖人には決まった師がいない。㊱孔子は郯子・萇弘・師襄・老聃を師とした。㊲（しかし）郯子の仲間は、その賢さは孔子に及ばなかった。㊳孔子が言うことには、「三人で（何かを）行えば（その中に）きっと自分の師となるべき人がいる。」と。㊴こういうわけで弟子は必ずしも師に及ばないというわけではなく、師は必ずしも弟子より賢明なわけではない。㊵道について学び知ることに早い遅いがあり、学術と技芸には専門としているものがあるのであり、（世にいう人の賢愚とは）そのようなことに他ならない。

㊶李氏の子である蟠は、十七歳である。㊷秦・漢以前の文章を好み、六種の経書（『易経』『書経』『詩経』『礼記』『楽経』『春秋』）の本文と注釈をすべてにわたって学習した。㊸（人を師として学ぶことを恥じるという）時勢にとらわれず、私を師として学んだ。㊹私は彼が古代の子弟の関係を実行できることをよいものとして評価し、（この）「師説」を作って彼に贈る。

## 発問 脚注問題 高 古

**1 「人非㆓生而知㆑之者㆒」とは、ここではどのような意味か。** 高 422ページ 古 148ページ

人は師に学ばず生まれながらにして、理想とする人間のあり方を理解しているわけではないという意味。

〈ポイント〉 師について学ぶことの必要性を述べている。孔子は、『論語』の述而（じゅつじ）篇では「私は生まれながら道理を知っている者ではない。昔の聖人の学を好み、努力してこれを探求した者である」と述べている。

**2 「此」は、何を指すか。** 高 423ページ 古 149ページ

師につき従って学ぶか否かということ。

〈ポイント〉 聖人はもともと優れているのに、さらに師について学ぶ。愚人はもともと聖人より劣っているのに、師について学ばない。これを、聖人が優れ、愚人が愚かな理由であるとしている。

**3 「小・大」は、それぞれどのようなことを指すか。**

小…文章の読み方。
大…理想とする人間のあり方。

**4 「君子」とは、誰のことを指すか。** 高 424ページ 古 150ページ

士大夫之族（官位のある者）。

〈ポイント〉 官位のある士大夫たちを「君子（立派な人物）」とし、彼らは巫女や医者・音楽家・色々な技術者たちの身分をさげすんで相手にしないと述べている。

**5 「其智乃反不㆑能㆑及」とあるが、誰が誰に対してどのような点で及ばないというのか。**

立派な人物であるはずの士大夫たちが、いやしい身分とされる巫女や医者・音楽家・色々な技術者たちに対して、賢明さでは及ばないということ。

**6 「三人行則必有㆓我師㆒」とは、どういうことか。**

三人で行動すれば、必ず自分より優れているところがある人と、自分より劣っているところがある人がいる。優れているところは見習い、劣っているところは自分の反省材料とするということ。

## 教材末の問題 高 425ページ 古 151ページ

**学習**

**1 次の(1)〜(3)の人たちの「師」に対する考え方を整理してみよう。**

**(1)子を愛する親。**

自分の子に文章の読み方を教えてくれる人という考え方。

〈ポイント〉 子には師から文章の読み方を学ばせようとするが、自分が師につき従って学ぶことは恥とする。師とは、文章の読み方を身につけるための存在であると考え、師から人間のあり方を学ぶことには考えが及ばない。

(2) 巫医・楽師・百工などの専門技術者。

互いを師とすることを恥としないという考え方。

(3) 孔子（聖人）

定まった師はなく、誰からでも学ぶという考え方。

2 韓愈の考える「師」とはどのような人か。説明してみよう。

師とは理想とする人間のあり方を伝え、知識や技術を授け、疑問や迷いを解くための存在である。身分や年齢に関係なく、道を会得している人が師である。

# 漢詩 古体詩

高「高等学校 古典探究」428～446ページ
古「古典探究 漢文編」154～172ページ

## ―古体詩―

### ◆【参考】詩経大序◆

**作品紹介**

**詩経** しきょう 中国最古の詩集。西周から東周にかけての歌謡三百五篇を収録する。「風」（諸国の民謡）、「雅」（周王朝の宮廷歌）、「頌」（先祖をまつる歌）の三部から成る。儒教の経典である五経の一つでもあり、孔子が編纂したとされる。「詩経大序」はその序文であり、作者は未詳。

**書き下し文・現代語訳**

①詩は志の之く所なり。②心に在るを志と為し、言に発するを詩と為す。③情は中に動きて言に形る。④之を言ひて足らず、故に之を嗟嘆す。⑤之を嗟嘆して足らず、故に之を永歌す。⑥之を永歌して足らず、手の之を舞ひ、足の之を蹈むを知らざるなり。⑦情声に発し、声文を成す。⑧之を音と謂ふ。⑨治世の音は

---

①詩は人の心にある思いが表出したものである。②（人の）心にある思いを志とし、（これが）言葉として発せられると詩となる。③感情が心のなかで動けば、（自然と）言葉として表現される。④これ（心のなかの感情）を言葉にしても表現しきれず、それゆえこれを表すために感動の声を上げる。⑤これを表すために感動の声を上げても表現しきれず、それゆえ、（さらに）これを声を長く延ばして歌う。⑥これを表すために声を長く延ばして歌って

安んじて以て楽しむ。⑩其の政和すればなり。⑪乱世の音は怨みて以て怒る。⑫其の政乖けばなり。⑬亡国の音は哀しみて以て思ふ。⑭其の民困しめばなり。⑮故に得失を正し、天地を動かし、鬼神を感ぜしむるは、詩より近きは莫し。⑯先王是を以て夫婦を経し、孝敬を成し、人倫を厚くし、教化を美にし、風俗を移す。

（『詩経』）

も表現しきれず、手が歌に合わせて舞い、足が歌に合わせて（リズムを）踏むことを知らず知らずしている。

⑦感情が（高低のある）声として発せられ、その声は美しく整えられる。⑧これを音楽という。⑨よく治まっている世の音楽は安らかで楽しい。⑩その政治が整っているからである。⑪乱れている世の音楽は怨みと怒りを感じさせる。⑫その政治が誤っているからである。⑬亡んだ国の音楽はかなしそうで憂えさせる。⑭その民が苦しんだからである。

⑮そのため善悪などの判断基準を正しくし、天地・鬼神を感動させるのは、詩より勝るものはない。⑯古い時代の優れた帝王はこれ（詩経）によって夫婦を正し、孝敬を勧め、人の倫理を厚くし、教化をよくし、世の習俗をよくした。

## 重要語句　高　古

429　155　**以是**　「これヲもつテ」と読み、「これによって」の意。

## 発問　脚注問題　高　古

高 428ページ　古 154ページ

**1** **「詩」と「志」は、どのような関係か。**

「志（人の心にある思い）」が言葉として発せられたものが「詩」である。

〈ポイント〉「詩」の源が「志（人の心にある思い）」であるとしている。心のなかにある思いが言葉として外に発せられたものが「詩」である。

**2** **「情」「声」「音」は、それぞれどのような関係か。**

「情（心のなかで動く感情）」が「（高低のある）声」になり、その「声」が美しい調子に整えられて「音（楽）」になる。

〈ポイント〉感情が声になり、音程や調子が整えられて、音楽となる、としている。

## 教材末の問題　高429ページ　古155ページ

### 学習

1 「音」(高四二八・6)(古一五四・6)は、「詩」に対してどのような関係にあるものか。考えてみよう。

どちらも人の感情が源であり、「詩」に抑揚をつけ音程や調子を整えたものが「音(楽)」である。

〈ポイント〉詩の言葉だけでは表現しきれない感情が、自然と声の長短や高低となり、調子を美しく整えられて音楽となる。

2 第二段落では、詩と政治がどのような関係にあることを述べているか。まとめてみよう。

政治が正しく世の中がよく治まっていれば、詩も安らかで楽しげになる。政治が誤っていて世の中が乱れていれば、詩にも怨みと怒りが感じられる。詩と政治は連動している。

3 本文では、詩にどのような力があると述べているか。まとめてみよう。

詩には天地・鬼神を感動させ、夫婦を正し、孝敬を勧め、人の倫理を厚くし、教化をよくし、世の習俗をよくする力があると述べている。

### ことばと表現

1 本文中の「之」の用法を整理してみよう。

①「A之B」の形で、「AのB」という修飾関係を表す。
読み…「の」
・「志之所レ之」(高四二八・2)(古一五四・2)、「治世之音」(高四二八・6)(古一五四・6)、「乱世之音」「亡国之音」(高四二八・7)(古一五四・7)

②「A之B」の形で、「AがBすること」という意味の句を作る。
読み…「の」
・「手之舞レ之」(高四二八・4)(古一五四・4)、「足之蹈レ之」(高四二八・5)(古一五四・5)

③指示語として、「これ・それ」の意味を表す。
読み…これ
・「言レ之」「嗟二-嘆之一」(高四二八・3)(古一五四・3)、「永二-歌之一」「舞レ之」(高四二八・4)(古一五四・4)、「蹈レ之」(高四二八・5)(古一五四・5)、「謂二之音一」(高四二八・6)(古一五四・6)

④「行く」の意味を表す。
読み…ゆく
・「志之所レ之」(高四二八・2)(古一五四・2)

## ◆桃夭(たうえう)◆

### 作品紹介

詩経　しきょう　→この教科書ガイドの132頁

### 書き下し文・現代語訳

桃夭(たうえう)

①桃(もも)の夭夭(えうえう)たる
②灼灼(しやくしやく)たり其(そ)の華(はな)
③之(こ)の子(こ)于(ゆ)き帰(とつ)がば
④其(そ)の室家(しつか)に宜(よろ)しからん
⑤桃(もも)の夭夭(えうえう)たる
⑥蕡(ふん)たる其(そ)の実(み)有(あ)り
⑦之(こ)の子(こ)于(ゆ)き帰(とつ)がば
⑧其(そ)の家室(かしつ)に宜(よろ)しからん
⑨桃(もも)の夭夭(えうえう)たる
⑩其(そ)の葉(は)蓁蓁(しんしん)たり

---

若々しくしなやかな桃

①桃の木は若々しくしなやかで
②その花は盛んに咲いている
③(それと同じように若々しく美しい)この子が嫁入りしたならば
④その嫁ぎ先にきっとうまく調和するだろう
⑤桃の木は若々しくしなやかで
⑥その実はたくさんなっている
⑦(それと同じように子宝に恵まれるであろう）この子が嫁入りしたならば
⑧その嫁ぎ先できっとうまくいくだろう
⑨桃の木は若々しくしなやかで
⑩その葉は盛んに茂っている

⑪之の子于き帰がば
⑫其の家人に宜しからん

（『詩経』）

## 発問　脚注問題　高　古

高 430ページ　古 156ページ

**1** 「灼灼其華」「有㆓蕡其実㆒」「其葉蓁蓁」という表現によって、それぞれ何を言おうとしているのか。

「灼灼其華」は、嫁ぐ娘が桃の花のように若々しく美しく明るい様子であることを言おうとしている。また「有㆓蕡其実㆒」は、嫁ぐ娘も桃の実がたくさんなるように子宝に恵まれること、「其葉蓁蓁」は嫁ぎ先の家が桃の葉が盛んに茂るように繁栄することを願っている。

---

⑪（それと同じように婚家の繁栄を招くであろう）この子が嫁入りしたならば
⑫その嫁ぎ先の人たちときっとうまくやっていくだろう

## ◆飲酒(いんしゅ)◆

### 作品紹介

陶淵明集　とうえんめいしゅう　→この教科書ガイドの73頁

陶淵明(とうえんめい)　→この教科書ガイドの73頁

### 書き下し文・現代語訳

飲酒(いんしゅ)　陶淵明(たうえんめい)

①廬(いほり)を結(むす)びて人境(じんきやう)に在(あ)り
②而(しか)も車馬(しやば)の喧(かまびす)しき無(な)し
③君(きみ)に問(と)ふ何(なん)ぞ能(よ)く爾(しか)ると
④心(こころ)遠(とほ)ければ地(ち)自(おのづか)ら偏(へん)なり
⑤菊(きく)を採(と)る東籬(とうり)の下(もと)
⑥悠然(いうぜん)として南山(なんざん)を見(み)る
⑦山気(さんき)日夕(につせき)に佳(よ)し
⑧飛鳥(ひてう)相与(あひとも)に還(かへ)る
⑨此(こ)の中(うち)に真意(しんい)有(あ)り
⑩弁(べん)ぜんと欲(ほつ)して已(すで)に言(げん)を忘(わす)る

（『陶淵明集』）

---

酒を飲む　陶淵明

①粗末な小屋を建て人里の中に住んでいる
②それでいて訪問客の車馬の騒音はない
③あなたに尋ねる、どうしてそのようでいられるのかと
④心が（俗世間から）遠く離れているので住んでいる所も自然と辺鄙(へんぴ)な場所と（同じように）なるのだ（と答えよう）
⑤東の垣根のあたりで菊を摘み
⑥ゆったりと廬山(ろざん)（の姿）を眺める
⑦山の空気は夕方がすばらしく
⑧飛ぶ鳥が互いに連れだって（ねぐらへと）帰っていく
⑨ここにこそ世界の真理があるのだ
⑩（しかしそれを）説明しようとしても早くも言葉を忘れてしまうのだった

## 重要語句

高 431 古 157

爾 「しかリ」と読み、「そのようである」の意。

自 「おのづからラ」と読み、「自然と・もともと」の意。

## 発問 脚注問題 高 古

高 431ページ 古 157ページ

**1 「爾」の指示内容は何か。**

人里に住んでいながら、役人などの訪問客がなく静かに暮らしているということ。

〈ポイント〉 人里は俗世間の人が住んでいる場所。通常、俗世間を離れた隠遁者(いんとんしゃ)は人里離れた山村に住む。俗世間の中にいながら心静かに生活していることを指す。

## ◆石壕吏◆

### 作品紹介

**杜工部集 とこうぶしゅう** 杜甫の詩集。工部は杜甫がついた官職名。『杜少陵集』ともいう。宋の王洙が編集した。全二十巻。

杜甫 →この教科書ガイドの26頁

### 書き下し文・現代語訳

石壕の吏　杜甫

①暮れに投ず石壕の村
②吏有り夜人を捉ふ
③老翁牆を踰えて走り
④老婦門を出でて看る
⑤吏の呼ぶこと一に何ぞ怒れる
⑥婦の啼くこと一に何ぞ苦しき
⑦婦の前みて詞を致すを聴けば
⑧三男は鄴城に戍る
⑨一男は書を附して至る
⑩二男は新たに戦死す

石壕村の役人　杜甫

①日暮れに石壕村に宿をとった
②役人が夜中に兵士を徴用しに来た
③老爺は塀を飛び越えて逃げ出し
④老婦が門に出て（役人に）応対している
⑤役人のどなり声はなんと怒りに満ちていることか
⑥老婦の泣く声はなんと苦しげなことか
⑦老婦が役人の前に進み出て言葉を述べるのを聞くと
⑧三人の息子は鄴城の守備についております
⑨一人の息子が言づけた手紙が届きました
⑩二人の息子はつい最近戦死しました
⑪生き残った子はとりあえず命を長らえておりますが
⑫死んでしまった子は永久にもうおしまいです
⑬部屋の中にはもう人（兵士になれる男）はおりません

⑪存する者は且く生を偸む
⑫死する者は長に已みぬ
⑬室中更に人無く
⑭惟だ乳下の孫有るのみ
⑮孫有れば母未だ去らざるも
⑯出入に完裙無し
⑰老嫗力衰ふと雖も
⑱請ふ吏に従ひて夜に帰せん
⑲急に河陽の役に応ぜば
⑳猶ほ晨炊に備ふるを得んと
㉑夜久しくして語声絶ゆ
㉒泣きて幽咽するを聞くがごとし
㉓天明前途に登るに
㉔独り老翁と別る

（『杜工部集』）

**発問**　脚注問題　高　古

**1** 高 432ページ 古 158ページ

**「致レ詞」とあるが、「(老)婦」の言葉はどこからどこまでか。**

八句目「三男鄴城戍」～二十句目「猶得備晨炊」

〈ポイント〉始まりは「詞を致すを聴けば」の直後「三男は…」

⑭ただ乳飲み子の孫がいるだけです
⑮孫がいるのでその母親はまだこの家を去りませんが
⑯家の出入りに着る満足なスカートもありません
⑰老婦の私は力は衰えましたが
⑱お役人さまに従って夜のうちに参上させてください
⑲今すぐ河陽での労役に応じましたら
⑳なんとか朝飯の支度くらいはできましょうと
㉑夜もすっかりふけ話し声がとだえ
㉒かすかにすすり泣く声が聞こえたような気がした
㉓夜明けに旅路につくとき
㉔ただ老爺にだけ別れを告げた

からである。終わりは「夜久しくして…」と情景描写が始まる直前の「晨炊に備ふるを得ん」までである。「得んと」の「と」に注目しよう。

## 教材末の問題　高433ページ　古159ページ

### 学習

1　それぞれの詩について、一句の字数、一首の句数、押韻がどうなっているかを確かめてみよう。また対句表現を抜き出してみよう。

「桃夭」…　四字・十二句
　押韻「華・家」
　　「実・室」
　　「蓁・人」
　（まとまりごとに換韻）

「飲酒」…　五字・十句
　押韻「喧・偏・山・還・言」

「石壕吏」…　五字・二十四句
　押韻「村・人・看」
　　「怒・苦・戍」
　　「至・死・矣」
　　「人・孫・裙」
　　「衰・帰・炊」
　　「絶・咽・別」
　対句　第三句と第四句
　　第五句と第六句

〈ポイント〉　古体詩とは、近体詩成立以前の詩および近体詩成立以後でも近体詩の規格に沿わない詩を総称する。したがって、近体詩とちがって、句の字数に制限がなく、対句のきまりもなく、押韻も自由である。「桃夭」「石壕吏」のように内容のまとまりごとに韻をかえたり、偶数句末というのでなく毎句末に押韻したりすることがある。

2　「飲酒」に「欲シテレ弁ゼント已ニ忘ルレ言ヲ」（高四三一・6）（古一五七・6）とあるが、どういうことか。説明してみよう。

今の自分の境地について説明しようとしたが、言葉にすることができないということ。

〈ポイント〉　夕方の廬山の景色を眺めるうちに、自分が求めていた真の境地をつかんだように感じて、それについて説明しようとしたが、言葉にできず、ただその瞬間の喜びや充実感に浸っている様子が表現されている。

3　「石壕吏ノ」に登場する一家の家族構成をまとめてみよう。

老爺・老婦・三人の息子（全員鄴城の守備に出て、二人は戦死し、一人は生き残っているが家にはいない）・戦死した息子の嫁・乳飲み子の孫

### 言語活動

1　「飲酒」に「採ルレ菊ヲ」（高四三一・4）（古一五七・4）とあるが、菊を摘むのは何のためだろうか。中国で伝統的に菊の花がどのような用途で用いられていたか、調べてみよう。

中国では奇数を陽数とし、陽数の中で一番大きい九が重なる九月九日は重陽節とした。この日に高台に登って、菊の花びらを浮かべた酒を飲むと長寿が得られるとされていた。菊を摘むのは、花びらを干し、菊花酒の用意をするためである。

## ◆長恨歌◆

### 作品紹介

**白氏文集　はくしぶんしゅう（はくしもんじゅう）**　白居易の詩文集。『白氏長慶集』五十巻（元稹編、八二四年成立）を前集とし、これに自撰の後集二十巻、続後集五巻を合わせて八四五年に成立。現存するのは七十一巻。平安時代に日本に伝来し、「文集」と呼ばれて愛読され、日本文学に大きな影響を与えた。

白居易（七七二～八四六）は、字は楽天。中唐の詩人。八〇〇年に進士になる。宰相武元衡の暗殺事件について上奏したことが越権行為とみなされ左遷されるが、後に許されて長安に帰った。平明で親しみやすい詩風で当時大いに流行した。儒教的な文学精神をもち、風刺の詩も多い。

### 書き下し文・現代語訳

①漢皇色を重んじて傾国を思ふ
②御宇多年求むれども得ず
③楊家に女有り初めて長成す
④養はれて深閨に在り人未だ識らず
⑤天生の麗質自ら棄て難く
⑥一朝選ばれて君王の側に在り
⑦眸を迴らして一笑すれば百媚生じ

---

①漢の皇帝は女性の美しさを重んじて絶世の美女に思い焦がれた
②天下を統治した長年の間（美女を）さがし求めたが見いだすことはできなかった
③楊家に娘がいて成人したばかりだった
④家の奥深くの婦人の部屋で大事に育てられていて人はまだ誰も（彼女を）知らなかった
⑤（しかし）生まれつきの美しい容姿はそのまま放っておかれるはずはなく
⑥ある日選ばれて天子のそば近くに仕えることになった
⑦瞳をめぐらせてひとたびにっこりすると大変ななまめかしさを生じ

⑧六宮の粉黛顔色無し
⑨春寒くして浴を賜ふ華清の池
⑩温泉水滑らかにして凝脂を洗ふ
⑪侍児扶け起こすに嬌として力無し
⑫始めて是れ新たに恩沢を承くる時
⑬雲鬢花顔金歩揺
⑭芙蓉の帳暖かにして春宵を度る
⑮春宵短きに苦しみ日高くして起く
⑯此より君王早朝せず
⑰歓びを承け宴に侍して閑暇無く
⑱春は春の遊びに従ひ夜は夜を専らにす
⑲後宮の佳麗三千人
⑳三千の寵愛一身に在り
㉑金屋粧ひ成りて嬌として夜に侍し
㉒玉楼宴罷みて酔うて春に和す

---

⑧後宮の化粧をした美女たちも顔色が劣って見えた
⑨（天子は）春まだ寒い頃（彼女に）華清宮の温泉に入浴することをお許しになった
⑩温泉の水はなめらかでその真っ白でなめらかな肌を洗う
⑪（湯から上がる彼女を）そば仕えの者が助け起こすとなまめかしく愛らしい様子で力なくしなだれる
⑫これが（楊貴妃が）初めて天子の寵愛を受けたときだった
⑬豊かな髪と花のように美しい顔に黄金の髪飾りをさし
⑭はすの花の刺繍をしたカーテンの内は暖かく（天子とともに）春の夜を過ごす
⑮春の夜の短いのを恨みながら（天子は）日が高く昇ってから起き出す
⑯これ以来天子は朝早く朝廷に出て政務を執ることをしなくなった
⑰（楊貴妃は）天子のご機嫌をとって宴席に付き従って片時の暇もなく
⑱春は春の遊びのお供をして夜は夜で（天子を）独占する
⑲後宮には三千人もの美女がいたが
⑳三千人分の寵愛を一身に集めていた
㉑黄金造りの宮殿で美しく化粧をしてなまめかしく愛らしく夜のお供をし
㉒美しく立派な高殿での宴会が終わると酔って（気分は）春の雰囲気に溶け込んでいく

㉓姉妹弟兄皆土を列す
㉔憐れむべし光彩の門戸に生ずるを
㉕遂に天下の父母の心をして
㉖男を生むを重んぜず女を生むを重んぜしむ
㉗驪宮高き処青雲に入り
㉘仙楽風に飄りて処処に聞こゆ
㉙緩歌縵舞糸竹を凝らし
㉚尽日君王看れども足らず
㉛漁陽の鞞鼓地を動して来たり
㉜驚破す霓裳羽衣の曲
㉝九重の城闕烟塵生じ
㉞千乗万騎西南に行く
㉟翠華揺揺として行きて復た止まる
㊱西のかた都門を出づること百余里
㊲六軍発せず奈何ともする無く

---

㉓（楊貴妃の）姉妹兄弟はみな領地を与えられて勢力を得る
㉔驚くべきことに美しい光が（楊家の）門戸にさし（栄華を極め）ている
㉕とうとう世の中の父母たちの心を
㉖男の子を生むことを重んじないで女の子を生むことを重んじるようにさせてしまった
㉗驪山にある華清宮は高くそびえて青空に届き入るほどであり
㉘仙人の音楽のような美しい音楽が風に乗って流れあちらこちらに聞こえる
㉙緩やかな歌声（で歌い）ゆっくりした調子の舞い（を舞い）管弦の音を美しく奏でて
㉚一日中、天子は見ていても飽き足りることはない
㉛（ところが突然）漁陽の地から馬上で鳴らす（安禄山の軍の）攻め太鼓が大地を揺るがして迫ってきて
㉜霓裳羽衣の曲を驚かせ止めてしまった
㉝九つの城門がある天子の宮城には（戦闘で）煙や砂塵が立ち上り
㉞（皇帝の軍の）多くの兵車と多くの騎兵が西南（の蜀の成都）へ逃げのびていく
㉟皇帝の所在を示す旗はゆらめきながらしばらく進んではまた止まってしまう
㊱都の門を出て西の方角へ進んでから百里余りのところ
㊲皇帝の軍隊は（楊貴妃を誅殺することを求めて）出発しようとせずどうにもならなくなり

㊳宛転たる娥眉馬前に死す
㊴花鈿は地に委てられて人の収むる無く
㊵翠翹金雀玉搔頭
㊶君王面を掩ひて救ひ得ず
㊷迴り看て血涙相和して流る
㊸黄埃散漫風蕭索
㊹雲桟縈紆剣閣に登る
㊺峨嵋山下人の行くこと少に
㊻旌旗光無く日色薄し
㊼蜀江水碧に蜀山青く
㊽聖主朝朝暮暮の情
㊾行宮に月を見れば傷心の色
㊿夜雨に鈴を聞けば腸断の声
(51)天旋り日転じて竜馭を迴らす

---

㊳細くて美しい曲線をした眉（をした楊貴妃）は（天子の）馬の前で死んだのである
㊴螺鈿細工の花のかんざしは地に捨てられて拾いあげる人もなく
㊵かわせみの羽の髪飾りや雀の形の金のかんざしや玉製のかんざしも（散乱したままである）
㊶天子は（その光景を見るに忍びず）顔を覆っていて（楊貴妃を）救うことはできず
㊷振り返って見る目からは血と涙が混じり合って流れるのであった
㊸黄色い砂ぼこりが舞いあがり風はもの寂しく吹いている
㊹雲に入って行く架け橋（蜀の桟道）はうねうねと曲がりくねって剣閣山に登ってゆく
㊺峨嵋山のふもとは人の通るのもまれで
㊻皇帝の所在を示す旗は輝きも失せて日の光まで薄らいでいる
㊼（蜀に着いてみると）蜀の川の水はみどり濃く蜀の山々は青々としているが
㊽聖徳ある天子は朝に夕に（亡き楊貴妃への）思いを募らせる
㊾旅先での仮の宮殿で月を見れば（月は）心を悲しませる色をしており
㊿雨の夜に鈴の音を聞けばはらわたも断ち切れそうな悲しい響きに聞こえる
(51)天下の情勢が変化して（長安の治安が回復したので）皇帝の乗る馬車の向きを（都長安の方角に）変えた

52 此に到り躊躇して去る能はず
53 馬嵬坡の下泥土の中
54 玉顔を見ず空しく死せし処
55 君臣相顧みて尽く衣を霑し
56 東のかた都門を望み馬に信せて帰る
57 帰り来たれば池苑皆旧に依る
58 太液の芙蓉未央の柳
59 芙蓉は面のごとく柳は眉のごとし
60 此に対して如何ぞ涙垂れざらん
61 春風桃李花開く夜
62 秋雨梧桐葉落つる時
63 西宮南苑秋草多く
64 宮葉階に満ちて紅掃はず
65 梨園の弟子白髪新たに
66 椒房の阿監青娥老いたり
67 夕殿に蛍飛びて思ひ悄然

---

52 （途中で）ここに着き、ためらわれて立ち去ることができない
53 馬嵬の坂道のあたりの泥土の中には
54 （もう楊貴妃の）玉のように美しい顔を見ることはなく　ただかいなく死んだ場所があるばかりである
55 天子と臣下は互いに顔を見合わせてみな涙で衣を濡らし
56 東の方角にある都の門をはるかに見やって馬の進むのに任せて帰っていった
57 （宮殿に）帰ってきてみると池も園もみな昔のままである
58 太液池のはすの花、未央宮の柳の木
59 はすは（楊貴妃の）顔のようであり柳は（楊貴妃の）眉のようである
60 これらを前にしてどうして涙を流さずにいられようか（いや、いられない）
61 春の風が吹き桃や李の花が咲く夜
62 秋の雨が降り梧桐の葉が落ちるとき
63 宮中の庭園には秋の草が生い茂り
64 宮殿の木の葉が散って階段を紅に埋め尽くしていても掃くこともない
65 梨園（宮中の歌舞団員の養成所）の楽人たちはすっかり白髪頭になり
66 皇后の居室の宮女を監督した女官の若く美しかった容貌も年老いてしまった
67 夕方の宮殿に蛍が飛んで（それを眺めては）思いはうち沈み

68 孤灯挑げ尽くして未だ眠りを成さず
69 遅遅たる鐘鼓初めて長き夜
70 耿耿たる星河曙けんと欲する天
71 鴛鴦の瓦冷ややかにして霜華重く
72 翡翠の衾寒くして誰と共にせん
73 悠悠たる生死別れて年を経たり
74 魂魄曽て来たりて夢にも入らず
75 臨邛の道士鴻都の客
76 能く精誠を以て魂魄を致す
77 君王展転の思ひに感ずるが為に
78 遂に方士をして殷勤に覓めしむ
79 空を排し気を馭して奔ること電のごとく
80 天に昇り地に入りて之を求むること遍し
81 上は碧落を窮め下は黄泉
82 両処茫茫として皆見えず

---

68 ぽつんと一つだけともした明かりが尽きて深夜になってもまだ眠りにつくことができない
69 (春宵が短いのを苦しんだ昔に比べて)時を告げる鐘太鼓は遅々として鳴らず初めて夜の長さを感じる
70 明るく輝く天の川、今にも明けようとする天空
71 おしどりの形の瓦は冷え冷えとして花のような霜が厚く降り
72 かわせみの刺繍のある掛け布団は寒々として誰と共に寝ようか、もう共に寝る人はいない
73 遠くはるかな生と死(生き残った天子と死んでしまった楊貴妃)に別れて年を経たが
74 死者（楊貴妃）のたましいはこれまでやって来て（天子の）夢に入り込むことさえない
75 臨邛の道士（仙術を使う道教の修行者）が長安に旅人として来ていた
76 一心に念じて死者のたましいを招き寄せることができた
77 （道士は）天子が眠れずに寝返りをうつほどの思いに心を動かされたので
78 とうとう方士にていねいに（楊貴妃のたましいを）さがし求めさせた
79 空を押し開き大気に乗って走ること稲妻のようにして
80 天に昇り地中に入ってくまなくこれをさがし求めた
81 上は青空の果てから下は地の底まで
82 どちらも広々と果てしなく(楊貴妃のたましいは)見当たらない

83 忽ち聞く海上に仙山有り
84 山は虚無縹緲の間に在りと
85 楼閣玲瓏として五雲起こり
86 其の中綽約として仙子多し
87 中に一人有り字は太真
88 雪膚花貌参差として是れならん
89 金闕の西廂に玉扃を叩き
90 転じて小玉をして双成に報ぜしむ
91 聞道く漢家天子の使ひなりと
92 九華帳裏夢魂驚く
93 衣を攬り枕を推し起ちて徘徊し
94 珠箔銀屏邐迤として開く
95 雲鬢半ば偏りて新たに睡りより覚め
96 花冠整へず堂を下り来たる
97 風は仙袂を吹きて飄颻として挙がり
98 猶ほ霓裳羽衣の舞に似たり

---

83 ふと耳にした、海の上に仙人の住む山があり
84 その山は何もなくはるかに遠い仙界にあると
85 楼閣は透き通る美しさで五色の雲がわき起こり
86 その中にはしとやかで美しい女の仙人がたくさんいる
87 その中の一人に字は太真という者がいて
88 雪のような肌と花のような顔がよく似ているのでこれ（が楊貴妃）であろう
89 豪華な宮殿の西の部屋の宝玉で飾られた扉を叩き
90 順々に取り次がせ（侍女の）小玉によって（侍女の）双成に伝えさせた
91 聞くところによると漢の国の天子の使いであると
92 （太真は）花模様のある豪華なカーテンの中で夢からはっと目覚めた
93 （あわてて）衣をかい取り枕を押しのけて起き上がりうろうろと歩き回り
94 真珠のすだれや銀のびょうぶが次々と開いた
95 豊かな髪は半ばくずれてたった今眠りから目覚めたばかりの様子で
96 花の冠も整えないまま堂を降りてやってきた
97 風は仙女の衣のたもとに吹きつけて（衣は）風にひるがえって舞いあがり
98 （それは）ちょうど（かつて楊貴妃が舞った）霓裳羽衣の曲にあわせた舞いのようである

99 玉容寂寞涙闌干
100 梨花一枝春雨を帯ぶ
101 情を含み睇を凝らして君王に謝す
102 一別音容両つながら眇茫
103 昭陽殿裏恩愛絶え
104 蓬萊宮中日月長し
105 頭を廻らして下のかた人寰を望む処
106 長安を見ずして塵霧を見る
107 唯だ旧物を将つて深情を表し
108 鈿合金釵寄せ将ち去らしむ
109 釵は一股を留め合は一扇
110 釵は黄金を擘き合は鈿を分かつ
111 但だ心をして金鈿の堅きに似しめば
112 天上人間会ず相見んと
113 別れに臨んで殷勤に重ねて詞を寄す
114 詞中に誓ひ有り両心のみ知る

---

99 宝玉のように美しい顔は寂しげで涙がとめどなく流れ
100 一枝の梨の花が春の雨にしっとりと濡れているようである
101 (太真は使いに会うと) 思いを込め流し目でじっと見つめ天子にお礼を申し上げて言う
102 「ひとたびお別れをして声も姿もどちらも遠くかすかになり
103 昭陽殿の内でお受けした恩愛の情も絶え
104 この蓬萊宮の中に住み長い月日を過ごしております
105 振り返って下の方の人間世界を望み見ましても
106 長安は見えず下界の塵と霧が見えるばかりです
107 ただ思い出の品物を差しあげて (私の) 深い心を表したく思い
108 螺鈿細工の箱とふたまたの金のかんざしを言いつけて届けさせます
109 かんざしはその足の片方を、箱はそのふたか箱 (本体) のどちらか一方を手元に留めます
110 かんざしは黄金 (の足) を二つに裂き、箱はふたと本体二つに分けるのです
111 (たとえこのかんざしや箱のように別れていても) ただ二人の心をこの金や螺鈿の堅固さに似せ (て堅固に保ってい) るならば
112 天上にしても人間界にしても必ずお会いすることがあるでしょう」と
113 別れの時に臨んで (太真は) ていねいに再び伝言を託した
114 その言葉の中に誓いがあり (それは) 二人の心だけが知るものであった

115 七月七日長生殿
116 夜半人無く私語の時
117 天に在りては願はくは比翼の鳥と作り
118 地に在りては願はくは連理の枝と為らんと
119 天長地久時有りて尽くとも
120 此の恨みは綿綿として尽くる期無からん

（『白氏文集』）

## 発問　脚注問題　高　古

**1**　「不㆓早朝㆒」の理由は何か。　高 434ページ　古 160ページ

天子は美しい楊貴妃を迎え、愛するあまり、朝になっても楊貴妃の側を離れられなかったから。

**2**　「令㆓天下父母心㆒　不㆑重㆑生㆑男重㆑生㆑女」とあるが、なぜか。　高 435ページ　古 161ページ

楊貴妃への寵愛が一門にも及び、楊家が栄華を極めているのを人々が見てうらやみ、女の子ならば楊貴妃のようになる可能性があると思うようになったから。

115 七月七日に長生殿で
116 夜更けに他に人もなく二人ささやき合ったときのこと
117 「天に生まれ変わったならば、どうか（二羽並んでしか飛べない）比翼の鳥となり
118 地に生まれ変わったならば、どうか（二本の木の枝がつながった）連理の枝となろう（そして永久に離れまい）」と
119 天は長く地は久しくてもやがて尽きるときが来るだろうけれど
120 （会いたくて会えない二人の）この切なく恋しい思いはながながと続き尽きることはないだろう

**3**　「九重城闕烟塵生」とは、何がどうなったことをいうのか。　高 436ページ　古 162ページ

天子の宮城が、戦闘によって煙や砂塵にまみれたこと。

**4**　「此」とは、どこのことか。

楊貴妃が死んだ場所、馬嵬坡のこと。

**5**　方士は何を捜し求めるのか。　高 438ページ　古 164ページ

死んだ楊貴妃のたましい。

**6**　「七月七日」とあるのはなぜか。　高 440ページ　古 166ページ

牽牛と織女が年に一度会うことのできる七夕の日だから。

## 教材末の問題 [高]441ページ [古]167ページ

**学習**

**1 本文を四つの場面に分け、それぞれの場面に小見出しをつけてみよう。**

・第一場面 初め～霓裳羽衣曲（[高]四三六・1）（[古]一六二・1）
「楊貴妃の栄華と反乱の勃発」

・第二場面 九重城闕（[高]四三六・2）（[古]一六二・2）～信馬帰（[高]四三七・4）（[古]一六三・4）
「都落ちと楊貴妃の死」

・第三場面 帰来池苑（[高]四三七・5）（[古]一六三・5）～不曽来入夢（[高]四三八・6）（[古]一六四・6）
「楊貴妃を思い悲嘆にくれる玄宗」

・第四場面 臨邛道士（[高]四三八・7）（[古]一六四・7）～終わり
「方士が会った楊貴妃のたましいの様子」

〈ポイント〉換韻のある詩では、換韻ごとのまとまりが意味内容のまとまりとほぼ一致するのがふつうである。第一場面の最後は第三十句の「看不足」（[高]四三五・10）（[古]一六一・10）ともとれるが、ここは換韻に従って分けた。

**2 詩中から、楊貴妃の美しさを表現している部分を抜き出してみよう。**

・第五句「天生麗質」
・第七句「迴眸一笑百媚生」
・第十句「（温泉水滑洗）凝脂」
・第十一句「侍児扶起嬌無力」
・第十三句「雲鬢花顔金歩揺」
・第三十八句「宛転娥眉」
・第八十八句「雪膚花貌」

〈ポイント〉第五十九句「芙蓉如面柳如眉」、第九十九・百句「玉容（寂寞涙闌干） 梨花一枝（春帯雨）」にも、間接的に楊貴妃の美しさが表されている。

**3 詩中から、玄宗皇帝の楊貴妃への思いが読み取れる部分を指摘し、どのような思いかを説明してみよう。**

・第四十一・四十二句「君王掩面救不得 迴看血涙相和流」
楊貴妃を助けることができないことへの悲痛な思い。

・第四十八句「聖主朝朝暮暮情」～第五十句「夜雨聞鈴腸断声」
亡き楊貴妃を恋い慕い、会えないことを悲しむ思い。

・第五十二句「到此躊躇不能去」～第五十六句「東望都門信馬帰」
楊貴妃が死んだ場所で楊貴妃をしのび、悲しみにくれて立ち去りがたい思い。

・第五十九句「芙蓉如面柳如眉」～第六十八句「孤灯挑尽未成眠」
宮中で何を見ても楊貴妃を思い起こして涙を流し、眠ることもできないほどの悲しくつらい思い。

〈ポイント〉第一場面には、第十五・十六句「春宵苦短日高起従此君王不早朝」、第二十三句「姉妹弟兄皆列土」、第三十句「尽日君王看不足」などのように、玄宗が楊貴妃を寵愛する様子が描かれている。これを踏まえ、第二・三場面から、楊貴妃を失った玄宗の、切なく悲しい思いを読み取りたい。

## ことばと表現

1　この詩の対句と押韻を調べてみよう。

○対句

- 第二十一句と第二十二句
- 第四十九句と第五十句
- 第六十一句と第六十二句
- 第六十五句と第六十六句
- 第六十九句と第七十句
- 第百三句と第百四句
- 第百十七句と第百十八句

○押韻

- 第一～八句「国・得・識・側・色」
- 第九～十二句「池・脂・時」
- 第十三～十六句「揺・宵・朝」
- 第十七・十八句「暇・夜」
- 第十九～二十二句「人・身・春」
- 第二十三～二十六句「土・戸・女」
- 第二十七・二十八句「雲・聞」
- 第二十九～三十二句「竹・足・曲」
- 第三十三・三十四句「生・行」
- 第三十五～三十八句「止・里・死」
- 第三十九～四十二句「収・頭・流」
- 第四十三～四十六句「索・閣・薄」
- 第四十七～五十句「青・情・声」
- 第五十一～五十四句「馭・去・処」
- 第五十五・五十六句「衣・帰」
- 第五十七・五十八句「旧・柳」
- 第五十九～六十二句「眉・垂・時」
- 第六十三～六十六句「草・掃・老」
- 第六十七～七十句「然・眠・天」
- 第七十一～七十四句「重・共・夢」
- 第七十五～七十八句「客・魄・覓」
- 第七十九～八十二句「電・遍・見」
- 第八十三・八十四句「山・間」
- 第八十五～八十八句「起・子・是」
- 第八十九～九十二句「扃・成・驚」
- 第九十三～九十六句「徊・開・来」
- 第九十七～百句「挙・舞・雨」
- 第百一～百四句「王・茫・長」
- 第百五～百八句「処・霧・去」
- 第百九～百十二句「扇・鈿・見」
- 第百十三～百二十句「詞・知・時・枝・期」

探究の扉　—比べ読み—　高 444ページ　古 170ページ

# —漢文と日本文学—

## ◆紀淑望『古今和歌集』真名序◆

### 作品紹介

**古今和歌集　真名序　こきんわかしゅう　まなじょ**　『古今和歌集』には巻頭の「仮名序」、巻尾の「真名序」の二つの序文がある。「真名序」は漢字（真名）を用いた漢文体で記されている。九〇五年頃成立。

紀淑望（?～九一九）は平安時代の歌人。大学頭、信濃権介などを歴任。従五位上に至る。『古今和歌集』に一首採録されている。

### 書き下し文・現代語訳

①夫れ和歌は、其の根を心地に託け、其の華を詞林に発く者なり。②人の世に在るや、無為なること能はず。③思慮遷り易く、哀楽相変はる。④感は志に生り、詠は言に形はる。⑤是を以て逸する者は其の声楽しく、怨む者は其の吟悲し。⑥以て懐ひを述ぶべく、以て憤りを発すべし。⑦天地を動かし、鬼神を感ぜしめ、人倫を化し、夫婦を和すること、和歌よりも宜しきは莫し。

---

①そもそも和歌というものは、その根源を心という大地に支えられ、その花を詩文の林で咲かせるものである。②人としてこの世にあって、何もしないということはできない。③思考は絶えず移り変わり、悲しいことや楽しいことは変化していく。④感情は心のなかに生まれ、歌は言葉として表れる。⑤こういうわけで気ままに暮らす者はその声が楽しそうで、恨みを抱えた者はその歌が悲しそうである。⑥和歌によって自分の思いを表現でき、和歌によって自分の憤りを示すこともできる。⑦天地・鬼神を感動させ、人道を導き、夫婦を和やかにすることにおいて、和歌よりもふさわしいものはない。

## ◆夏目漱石「草枕」◆

### 作品紹介

**草枕** くさまくら 「余裕派」「高踏派」と評された初期の漱石が自らの芸術観を表現した中編小説。俗世間を離れ人情に左右されない世界「非人情」を求める青年画家が、山村の温泉場で美しい女性那美と知り合い、理想の絵の構想をつかむ。

夏目漱石 →この教科書ガイドの35頁

※次は、夏目漱石が「草枕」で引用した漢詩。「飲酒」→この教科書ガイドの137頁

### 書き下し文・現代語訳

飲酒　陶淵明

①菊を採る東籬の下
②悠然として南山を見る

酒を飲む　陶淵明

①東の垣根のあたりで菊を摘み
②ゆったりと廬山（の姿）を眺める

竹里館　王維

①独り幽篁の裏に坐し
②琴を弾じて復た長嘯す
③深林人知らず
④明月来りて相照らす

竹里館　王維

①一人奥深く茂った竹やぶのなかに座る
②琴を弾いて、そして長く息をのばして朗詠する
③（この）奥深い竹林（の趣）を世間の人はわからない
④明るい月だけが昇ってきて私を照らしてくれる

## ◆正岡子規「杜甫石壕吏」◆

**作品紹介**

**竹乃里歌　たけのさとうた**　子規が明治一五年から同三三年までに作った短歌・長歌・新体詩などを年代順に記した歌稿本。収録作品数は一九四九作品にものぼる。「杜甫石壕吏」は収録作品の一つで、杜甫の「石壕吏」を短歌として翻案したもの。

正岡子規（一八六七～一九〇二）は、明治時代の歌人・俳人。短歌・俳句の革新運動を行い、率直で写実的な表現を尊重した。肺結核のため三十四歳で死去した。

**現代語訳**

①石壕村に日が暮れたので宿を借りると、夜更けに家の門をたたく音がするが誰だろう

②塀を飛び越えて老爺は逃げ出し、老婦一人が役人の前にひざまずいて泣いている

③三男は城へ召し出されました。戦場から長男が手紙をよこしました、次男が死んだと

④生きている者は命を惜しみ、死んでしまえばもう戻ってはきません。（父親に死なれた）孫が一人います

⑤（老婦は、）自分の力は衰えておりますがと着物の裾をつまみ上げ戦地へ行こうとする、（兵士の）飯を炊くために

⑥（役人に）訴える宿の老婦の声も聞こえなくなって、すすり泣く声を聞いたような気がした

⑦夜明けに行く先を急いで、一人残っている老爺と別れて宿を出立する

## ◆清少納言『枕草子』木の花は◆

### 作品紹介

**枕草子**　まくらのそうし　作者は清少納言。十一世紀の初め（平安中期）に成立。三百余りの章段からなる。内容は人事や自然などさまざまで、作者が中宮定子に仕えていた際の経験や見聞をもとに書かれたものも多い。作者の鋭敏な観察力や美意識がうかがえ、「をかし」の文学と言われる。

清少納言（九六六？〜一〇二五？）は、学者の清原元輔の娘で、一条天皇の中宮定子に女房として仕えた。

### 現代語訳

①梨の花は、世間では興ざめなものとして、身近なものとして扱わないし、ちょっとした手紙を結び付けることさえしない。②可愛げのない人の顔などを見ては、（梨の花のようだと）たとえに言うのも、なるほど、葉の色をはじめとして釣り合いが悪い感じに見えるのだが、中国ではこの上ないものとして、漢詩にも詠むのは、やはりそうは言っても理由があるのだろうと、強いて（よいところを探そうと）見ると、花びらの端に美しい色艶が、ほのかについているようだ。③楊貴妃が、帝（玄宗皇帝）のお使いに会って、泣いたという顔をたとえて、「梨花一枝、春、雨を帯びたり（一枝の梨の花が春の雨にしっとりと濡れているようである）」などと言ったのは、並一通りではあるまいと思うにつけて、やはりとてもすばらしいことは、他に類があるまいと思われた。

（第三十五段）